小学写作
教学新视野

指向"个体语言经验"发展的习作课堂

吴勇 —— 著

长江出版传媒　长江文艺出版社

图书在版编目（CIP）数据

小学写作教学新视野：指向"个体语言经验"发展
的习作课堂 / 吴勇著. -- 武汉 ：长江文艺出版社，
2024. 8. --（大教育书系）. -- ISBN 978-7-5702
-3657-2

Ⅰ. G623.242

中国国家版本馆 CIP 数据核字第 2024B4H469 号

小学写作教学新视野 ：指向"个体语言经验"发展的习作课堂
XIAOXUE XIEZUO JIAOXUE XIN SHIYE ：ZHIXIANG GETI YUYAN
JINGYAN FAZHAN DE XIZUO KETANG

责任编辑：李婉莹　　　　　　　　责任校对：毛季慧

封面设计：沐　云　　　　　　　　责任印制：邱　莉　丁　涛

出版：长江出版传媒　长江文艺出版社

地址：武汉市雄楚大街 268 号　　　邮编：430070

发行：长江文艺出版社

http://www.cjlap.com

印刷：湖北恒泰印务有限公司

开本：710 毫米×970 毫米　　1/16　　　印张：16.75

版次：2024 年 8 月第 1 版　　　2024 年 8 月第 1 次印刷

字数：230 千字

定价：49.80 元

目 录

用生活的"常理"诠释写作教学的"学理"

从事小学写作教学实践与研究已 33 年，其中当带班教师 29 年，做专职教研员 5 年，我可以非常自信地说，我最了解一线教师。一线小学教师，工作日不到 7:00 就会从家出发，开始忙碌的一天，带学生晨读，随后收作业、改作业，上课，带学生大课间活动，陪学生午读，提供延时服务，放学送队，到家已是星光灿烂，吃简单的晚餐之后开始备第二天的课，其间还得接听家长电话和回复他们各种各样的问题，这就是一个教师的日常"标配"。可以这么说，当下的小学教师，连走路都带风，几乎连生病的时间都没有。

现在不少领导和所谓的"专家"批评教师不读书、不钻研业务，可如果跟着一个最普通的一线小学教师走一天，即便什么活也不用干，他们肯定不会如此放言，如此妄言。所以，当我与一线教师交流写作教学时，我不会跟他们谈各种时髦而艰涩的"主义""流派"和"效应"，不是他们不需要，而是那些离他们繁忙的工作太远，是"天上事"，他们即便使劲听，也无暇消化，更无法接受。不如从充满烟火气息的生活"常理"出发，尝试将写作教学的"学理"和"哲理"引入其中，逐步讲清说透，给他们重复的生活带来新鲜的气息。这两年，我经常用"学开车"和"穿衣服"这两件事的"常理"，向一线小学语文教师诠释新课标背景下的写作教学"学理"。

1

到驾校学车，起始阶段，教练都会从基本动作教起，比如起步、停车、变更车道、侧方停车、倒车入库等。教练的教学其实很简单：一是"看着我做"，二是"照着我做"，三是"做成我的样子"，这就是写作教学中"教学评一体化"最朴素的模样。

在学车过程中，教练要求学员放弃自身的习惯性动作，一步一步跟着他做动作，每个过程顺序都不能乱，每个动作都要做到位。基本动作越熟练，就越能尽快通过考核，获得自主驾驶资格。教学生写作亦是如此，先得让他们毫不犹豫地从基本技能练起，学习规范清楚地表达自己的思想，这就是先"入格"。要获得丰富的写作技能，形成较高写作素养，就得扎扎实实地练就写作"童子功"，这就是所谓"地基不牢，地动山摇"。

当学员掌握了基本的驾驶技能后，教练就会带领学员上路练习。开始在郊外比较空旷的公路上练，随后到近郊的狭窄小路上练，过一段时间便转到热闹的城市马路上历练，最后到人来人往、车水马龙的城市巷道中磨炼，就这样晴天练，雨天练；在平地上练，在坡道上练，不知不觉地便学会了开车。如果将这一个过程对标写作教学，"郊外公路""近郊小路""热闹马路""城市巷道""晴雨天""平地坡道"就是学习情境，要让学生熟练掌握一种写作技能，就要为他们营造丰富鲜活的学习情境，让原本机械重复的写作训练变得情趣盎然。

学员获得驾照后，就可以独自上路了。刚开始，注意力高度集中，一边开车一边默念各种规范和规则，短短一段路程，开得大汗淋漓，衣襟湿透；几个月后，可以熟练上路，以一声不响、凝神静气来抗拒车内外一切干扰；几年之后，各种路规烂熟于心，达到不假思索的程度，开车时全部路况尽收眼底，还可以与车上的人自如交流；十几年过去了，开车时不仅能对各种路况作出自动化的反应，而且可以和同行者谈笑风生。这就是驾驶素养的生成过程。在写作教学中，一开始，机械地搬用和套用各种写作知识，写作过程生涩不堪；在运用过程中，写作知识慢慢转化成语言经验，可以针对各种任务情境作出正确的应对；渐渐地，这些知识和技能就会与写作者的理念、思维、肌肉融为一体，只要一看到写作话题，就能自动自如地调用各种语言经验来应对。这就是写作素养的生成过程。在驾驶素养的形成过程中，连续的驾驶实践不可或缺；在写作素养的形成过程中，不断的语言实践持之发力。

2

穿衣服是每天必做的事情，但一个人要做到衣着得体，富有"衣品"，这可不是一朝一夕的事情。

一个人要有"衣品"，就得有一定数量的衣服来进行日常穿搭训练，因此，在练就"衣品"的过程中，会不断地购买各种各样的衣服，潜意识中认为"柜子里总是少一件衣服"。与之同理，一个人要形成语言经验，就需要有足够的语言材料来进行提炼和拼组，从而"了解国家通用语言文字的特点和运用规律"。

当衣服达到了足够数量，新问题就会出现，因为衣服多而散乱，总是找不着，有的衣服穿的次数少会被遗忘在角落里，这就需要对这些五花八门的衣服进行分门别类的管理。在写作上也有这样的遭遇：平日在阅读中，随机积累了各种各样的语言材料，可一遇到真正的写作话题却手足无措，无从下笔，这就必须对这些凌乱散碎的语言材料进行结构化的"梳理"。衣服整理得越是井井有条，我们就越能够发现和筛选，就越方便穿搭；语言材料梳理得越是条分缕析，就越能成为写作素材，学生就越能够从中提炼出可靠的语言经验。

有了衣服的储备和分类，提升"衣品"就成为可能。工作场合、会议场合、聚会场合、郊游场合，地点不同，种类、款式和色彩搭配就不同；作为出席者、作为主持者、作为发言者，角色不同，种类、款式和色彩搭配就不同。只有不断地在各种场合和角色中穿行，才能慢慢摸索出穿搭衣服的经验。在写作教学中，只有让学生体验丰富多彩的写作学习情境，面对各种各样的写作语体，经历林林总总问题的解决，才能提炼出有针对性的语言经验。这就是"探究"，即用匹配的语言材料去解决具体的问题，在这个过程中就能形成真实的语言经验。

一年当中，每个人都会遇到对自己而言特别重要的日子，譬如教师节表彰会，作为获奖者发言，什么样的穿搭既能适合热烈喜庆的会场氛围又能体现个人风采？这就需要调动自身所有的相关穿搭经验，进行筛选和重组，生成独到的个性穿搭方案。同样，学生在考场上面对一个写作话题时，写作既要符合语体要求，又要卓尔不群，展示个人水平，这就需要针对任务情境，千方百计地调动适配的语言经验，进行自然巧妙的组合。这就是"个体语言经验"形成的表征，这就是个人表达智慧跨越的动力。

3

"学开车"和"穿衣服"是广大一线教师亲身经历和耳熟能详的事情，以此来隐喻，以诠释新课标背景下的写作教学，可以达到深入浅出的效果。

每位教师都是生活中的人，每位教师都处在生活状态中，他们对生活是最富经验感的。以此为通道，由此及彼地导入写作教学的一些关键"学理"，让它们与朴素寻常的生活形成关联，让一线教师像了解生活常识一样理解它们，像运用生活常理一样实践它们，教育的"学理"与生活的"常理"就这样彼此打通，"大道"自然变得"至简"。

在新课程改革的大背景下，用生活的"常理"去理解写作教学的"学理"，最早是叶黎明教授带给我的启发，她才是这方面的高手！

为了说明写作教学不能教笼统模糊的"类"知识，而应当教精准具体的

"个"知识，她以"鞋匠教徒弟做鞋"的"生活常理"为喻——"如果文体训练仅仅停留在作为集合体的'类'的概念上，而非针对真实存在于交际情景中的文体'个例'，这就好像鞋匠教学徒做鞋，并不教他做高跟鞋或运动鞋，只教他做那个抽象的集合的'鞋'，可想而知，鞋匠只能传授做鞋的一般原理、规则。"这样的类比，让一线教师一下子明白，在写作教学中没有绝对普适的必然性知识，只有匹配任务情境的或然性知识。

为了描述写作知识的呈现状态，她说："写作教材中知识的呈现亟待实现第二次飞跃——从有到无的飞跃。这'无'，不是知识的空缺或贫乏的'无'，而是系统、完整、充实的知识隐而不现的'无'，打个比方来说，这'无'不是开水式的平淡乏味的'无'，而是盐溶于水、蜜成花不见的'无'。"将写作知识的存在状态描绘成"盐溶于水"和"蜜成花不见"，能让一线教师清晰而准确地体会到写作知识教学要化整为零，以打补丁、渗透、镶嵌、夹杂、变形等方式灵活出现在教学过程中，与练习设计融为一体。

朴素的"常理"必定是最易打动人心的哲理，鲜活的"常理"往往就是理解这个世界的哲理。如果都能用生活的"常理"来讲述写作教学的"学理"，一定会让更多一线教师对教育教学理论充满好感和认同，他们就会将这些理论自觉转化为课堂教学行为，他们繁忙的教育教学生活将就此焕发出职业的幸福光采。

2024 年 1 月 20 日

写于南京东山寓所

第一章

"个体语言经验"：写作教学的新引擎

关于语文课程所培养的"核心素养",《义务教育语文课程标准（2022年版）》将"文化自信""语言运用""思维能力""审美创造"作为其内涵。细细琢磨，"文化自信""思维能力""审美创造"在其他学科都有涉及，唯有"语言运用"对于语文课程而言最为本位和本体。当它与"思维能力""审美创造""文化自信"在语文课程与教学中相遇、相融，所形成的"核心素养"有一个体现学科本质的词语可以概括，那就是"个体语言经验"。正如新课标中所言："在语文课程中，学生的思维能力、审美创造、文化自信都以语言运用为基础，并在学生个体语言经验发展过程中得以实现。"以学生的"个体语言经验"发展这个大基调去理解2022年版语文新课标，就会发现小学写作教学在未来大有天地、大有可为。

第一节　核心素养取向下的写作教学新概念

与 2011 年版相比，2022 年版语文新课标在"表达与交流"层面屡次鲜明出现或者暗中包含的概念性词语主要有以下四个。

热词一：个体语言经验

新课标在课程性质中，提出"通过积极的语言实践，积累语言经验"；在课程目标的"核心素养内涵"中，提出"了解国家通用语言文字的特点和运用规律，形成个体语言经验"；在学业质量中，要求"尝试根据语文学习经验和生活经验解决日常生活中的问题""乐于与人分享积累的经验""能根据积累的知识和经验初步判断信息真伪"。"语言经验"的提出，对学生而言，更加贴合：一方面符合学生语言学习直观而感性的基本特征，另一方面突显了义务教育阶段学生语言发展的基本规律，与此同时还尊重了每个学生语言学习和成长的独特性。

何为"语言经验"？从上述表达中不难看出，它是学生在语言的实践过程中所形成的适合自身特征的独特语用智慧，就是"人对语言和世界的主体性能力和创造性能力"，就是"以言语为对象同时又是以言语为本体的心智个性"。[①]由此可见，"语言经验"烙上了语言学习个体的鲜明印记，既是一种内在的情不自禁的语感直觉，更是一种外在的自觉自如的言语操作能力。结合王尚文先

---

① 李海林.言语教学论[M].上海：上海教育出版社，2000:229.

生对汉语写作能力构成的描述①，我认为"个体语言经验"主要体现在三个层面。一是贴切感，也就是表达主体的话语对外在于主体的客观事物、事理、现象等叙述得比较周全、具体、详细、恰当，即精确；还是表达主体能生动地表现个人的主观情绪、感想等，即语言表现力丰富，从而让语言运用从"存心装饰"走向"精准妥帖"。二是体式感，即能针对语言的应用场合，在相对确定的整体中选择词语和句式；能在不同场合，操练不同的话语系统进行表达，从而让积累的"语言"走向实践的"话语"。三是对象感，也就是在运用语言的过程中，能针对读者状况进行表达，在表达过程中，一直伴随着针对意识和应答意识，从而让语言表达从"我"走向"我们"，从自说自话的"独语"走向时刻应对的"对话"。

阅读了新课标中关于"语言经验"的表述，我们就会发现学生"个体语言经验"的形成与发展有基本的运行轨迹。

一是语言积累。"语言经验"的前两个字是"语言"，学生要拥有属于自己的"语言经验"，首先得有丰富的语言积累。新课标非常重视语言积累："通过主动的积累、梳理和整合，初步具有良好语感""主动积累、梳理基本的语言材料和语言经验，逐步形成良好的语感""诵读、积累成语典故、中华文化名言、短小的古诗词和新鲜词语、精彩句段等，丰富自己的语汇，分类整理、交流"。这是基于"梳理""整合"的积累；"阅读中积累词语""积累课文中的优美词语、精彩语段，以及在课外阅读和生活中获得的语言材料""背诵优秀诗文60篇（段）"，这是基于课内外阅读的积累。丰富的语言积累，是学生"语言经验"形成的逻辑性前提。说白了，所谓的"语言经验"，其实就是在真实而具体的情境中，学生将自身的丰富语言积累进行自觉自如调用的"经验"。如果自身"语言"不存，抑或存量不足，"经验"焉附？

二是语言实践。从新课标的表述看，学生"语言经验"的获得分为两个阶

---

① 王尚文.走进语文教学之门[M].上海：上海教育出版社，2007:246—256.

段。一是形成阶段。这是学生的语言实践由外向内的过程。借助阅读体悟与积累梳理，通过日常语境中的倾听与交流，这时外部的语言就会慢慢地"按照事物或意识本来的结构和式样构积在一起，成为一种'意团'"[1]。经过这样的语言心理过程，外部的语言和人的主体意识融合在一起，形成了内部语言，这是从"言"向"意"的转化。二是分享阶段。学生在语言实践活动中、在典型的语言现象学习中，所收获的语言运用知识、策略以及规律等，需要在新的语言实践过程中不断地得到运用，譬如"乐于与同学交流"；譬如"尝试在习作中运用自己平时积累的语言材料，特别是有新鲜感的词语"；譬如能运用各种语言材料，"解决学习和生活中的相关问题"。这时内部语言借助一个中间性的、过渡性的中介物——表达任务和真实情境，进行语用转化，由匹配的内在语言"意团"转化成适切的外在表达与交流，这是由"意"化"言"的过程。言意互转的过程，就是学生经历语言实践的过程。学生的语文学习，就是不断地进行言意互转，不断地经受语言实践的历练，在此过程中他们的语言心智逐渐成熟，言语技能日趋发展，"个体语言经验"也不断扩展丰富。

热词二：语用情境

新课标中，"情境"一词反复出现：课程性质板块提出"在真实的语言运用情境中，通过积极的语言实践……"；课程理念板块倡导"创设丰富多样的学习情境"；课程目标板块明确"义务教育语文课程培养的核心素养，是学生在积极的语文实践活动中积累、建构并在真实的语言运用情境中表现出来的"；课程内容板块强调"语文学习任务群由相互关联的系列学习任务组成，共同指向学生的核心素养发展，具有情境性、实践性、综合性"；课程实施板块对"情境"的描述更加具体："学习情境的设置要符合核心素养整体提升和螺旋发展的一般规律。语文学习情境源自生活中语言文字运用的真实需求，服务于解决现实生

---

① 李海林.言语教学论[M].上海：上海教育出版社，2000：43.

活的真实问题……"显而易见，"情境"已经成为贯通新课标的一条明亮的线索。它的出现，鲜明地预示着写作教学理念的变革，直观地体现着学生写作学习方式的改善，生动地诠释着写作学习与学生生活之间千丝万缕的关联。

关于"情境"的表述有两种：一种为"认知情境"，即为语文核心知识学习而创设的外部环境和学习路径；另一种为"语用情境"，即真实的学习场景、真实的学习目的、真实的学习材料和真实的评价，这属于"真实情境"。"而语文学习，更强调语言的交际实践。因此'真实情境'中融入'认知情境'，是契合语文言语实践特性的情境设计之路。"[①] 因此，新课标中如是说："语文学习情境源自生活中语言文字运用的真实需要。"这就意味着，新课标中提出的"情境"基本上都是指向表达与交流的"语用情境"。

"语用情境"的创设，主要需满足这样几个基本要素，从而引导学生积极参与语言实践活动，充分进行语言建构，主动担当社会责任。

一是有逼真的语用背景。在开展语言实践活动之前，应当锚定一个真实的事件，从而诱发学生真切的写作动机。譬如新的班主任要挑选班级干部，但是他对全班同学基本上不认识、不了解，需要学生做自我介绍或推荐。在这样一个语用背景中，"事件"是班主任挑选班级干部，"动机"是要让班主任尽快认识自己、记住自己，"读者对象"就是这位新班主任。这是创生"语用情境"的前提。

二是有真实的语用材料。就是语言实践活动中涉及的对象及语言材料在生活世界中真实存在，学生凭借现有的认知水平能够感知到。譬如在"新班主任挑选班级干部"这个语例中，"新班主任""担任班级干部""自我介绍或推荐"这些语用素材都是在现实生活中一直存在的，与推荐和介绍自己相关联的语言材料的搜集与捕捉，学生也是力所能及的。

三是有真实的问题探究。在基于写作学习的语言实践活动中，要实现表达目标，必须存在着真实的表达问题，让"语用情境"充满认知和思维的含量。

---

① 赵晓霞，王光宗.学习情境：撬动语文学习任务群的支点[J].中学语文教学，2021（7）：4—8.

再回到"新班主任挑选班级干部"这个语例中，怎么让新班主任一下子认识自己，并且留下深刻印象？这就是一个具体而现实的问题，意味着语用探究就此发生。这个问题也成为推动学生语用能力提升的"硬核"，更是其表达素养的生长点。

四是有真实的语用评价。一个语言实践活动的终点，应当落在语用目标是否成功实现上。在"语用情境"设置上，需要有这样的评价场景。回到"新班主任挑选班级干部"这个语例中，在习作讲评环节，可以设置这样的评价情境：学生现场进行自我介绍和推荐，班主任当场评点并随即作出是否可以录用的评判。有效果的表达、有结果的评价，让"语用情境"贯通全程，有始有终。

无论是一个具体的语篇表达任务，还是一个有主题的语文学习任务群，都需要一个具体而真实的"语用情境"，它可以有机整合语文学习资源，可以优化语言实践活动的路径，更重要的是它可以促进学生"个体语言经验"的持续发展。

热词三：写作学习任务群

"语文学习任务群"可能是新课标中最热门的词语。课程理念对"任务群"作出了一个清晰的"身份"界定："以生活为基础，以语文实践活动为主线，以学习主题为引领，以学习任务为载体，整合学习内容、情境、方法和资源等要素，设计语文学习任务群。"作为语文学习的一部分，写作学习的课程内容也应当以任务群的形式来组织和呈现。"以生活为基础"体现出"写作学习任务群"的"情境性"特征——写作学习源自生活，以真实的生活需求为前提；写作学习服务于生活，能运用写作改善自身的生活。"以语文实践活动为主线"体现了"写作学习任务群"的"实践性"特征——在"做中学"，通过丰富的语用型写作活动练就学生的表达素养。"以学习主题为引领"体现着"写作学习任务群"的"整体性"特征——围绕一项写作学习任务，设计连贯而完整的语言实践活动，而不是"头痛医头"地进行碎片化学习。"以学习任务为载体"

体现着"写作学习任务群"的"过程性"特征——以明确的表达任务为驱动，展现学生写作学习逐渐展开的真实历程。"整合学习内容、情境、方法和资源等要素"体现着"写作学习任务群"的"综合性"特征——写作学习在内容上加强了与其他学科之间的沟通，进行跨学科写作；写作学习在方式上注重了多媒介融合，开展跨媒介写作。

新课标分三个层级提出六大"语文学习任务群"，如果深入每个任务群，就会发现，"写作"在其中不仅是一种学习内容，更是一种学习方式，甚至是一种学习成果的展示。"语文学习任务群"离不开"写作"，在新课标提及的六大类"语文学习任务群"中，每一类都可以设计相应的"写作学习任务群"。不妨以"实用性阅读与交流"为例，进行"南京是个好地方"写作学习任务群设计。（见下图）纵观案例，我们发现"写作学习任务群"设计需要具备几个元素。

任务主题	任务情境	写作学习任务群	
		写作实践活动	写作学习任务
传承古都文化，展现少年责任	黄金旅游季即将到来，作为"六朝古都"的小市民，我们要一起行动起来，当当"金陵文化大使"，为家乡南京制作一份旅游手册。	1. 资料整理：借助网络、图书馆资源，搜集南京历史、地理、文化、教育、交通等方面的资料。	写南京城市简介
		2. 风景推介：调查南京风景名胜，选择一处你认为最有游览价值的景点，搜集相关资料。	写导游词
		3. 美食推荐：调查南京历史悠久、好评度高的品牌美食，亲自品尝，并了解它的制作过程。	写美食推荐书
		4. 路线设计：研究南京地铁、公交路线及旅店分布情况，为外地老年游客、中青年游客各设计一份经济实用的旅游路线图。	写交通指南
		5. 文明倡议：搜集南京各大景点的交通与安全提示、提前预约制度以及场馆特殊规定等信息，倡议文明出游。	写文明游客倡议书

一是有鲜明的立意。"写作学习任务群"的设计必须站在中华文化的肩膀上，保持课程育人、文化化人的初心，去进行写作学习活动的开发与研制。"南京是个好地方"这个写作学习任务群，将"传承古都文化，展现少年责任"作为立意，鲜明表达了对中华文化的认同，充分体现了核心素养中的"文化自信"，对学生形成"正确的价值观"有着积极的意义。

二是有特定的主题。新课标中只明确了"语文学习任务群"的类型，至于具体的学习任务，还需要"围绕特定学习主题"来设计。何为"特定"？就是结合教材的内容编排和学习进度，针对学生的内在学习诉求和真实的学情基础，因时制宜、因地制宜地筛选学习主题。"南京是个好地方"基于南京是世界闻名的旅游城市这个地域资源以及"旅游黄金季"这个时间节点，将运用语言文字推介南京城市文化作为学习主题，可谓恰逢其时，因势利导。

三是有真实的情境。情境就是将写作学习巧妙地镶嵌在生活之中，让学生在学习中有代入感，有身份认同感，自觉自愿地将自己当作写作学习活动的主体。在"南京是个好地方"这个写作学习任务群中，引导学生担当"金陵文化大使"，去承担"南京旅游手册"的设计，这样的语境，可以自始至终地将学生融入写作学习活动中，让学生真切感受到主人的身份与担当，真切体验到写作的作用与力量。

四是有连贯的活动。"学习任务群"顾名思义，不是指单一的学习任务和语言实践活动，而是学习任务和实践活动的"群组"。"写作学习任务群"就是将一连串精心设计、层阶分明的语用实践活动连贯起来，实现不同类型的写作学习任务的有机组合。在"南京是个好地方"这个写作学习任务群中，就包含着这样一组语言实践活动——"资料整理—风景推介—美食推荐—路线设计—文明倡议"，让学生开动各种感官，在做事中蓄积表达素材，在做事中学习写作技能，在做事中形成"个体语言经验"。

五是有明确的任务。"写作学习任务群"其关键是有写作任务，只有在任务的驱动下，才会有语用实践活动的开展，才会有写作学习的真正发生。在"学习任务群"中，大任务只有一个，而这个大任务需要分解在学习群组学习活动中的每个单元，形成小任务。写作学习任务群"南京是个好地方"，总的写作学习任务是"制作南京旅游手册"，而小任务则是在这个"南京旅游手册"中出现的"城市简介""风景导游""美食推荐""交通指南""文明倡议"。大的写作任务集中明确，小的写作任务关联贯通，"写作学习任务群"设计就基本完成了。

热词四：思维能力

2011 年版语文课标在课程基本理念中提到"培养语感，发展思维"，在课程目标与内容中提出"在发展语言能力的同时，发展思维能力"，在"教学建议"板块，也提及"激发学生的好奇心、求知欲，发展学生的思维"。除此之外，再未见有关"思维"的表述。而在 2022 年版语文新课标中，"思维"则显得极为亮眼，它不仅走出笼统模糊的口号层面，更将"思维"放置在核心素养的关键维度。它道明了思维能力表现——在语文学习过程中的联想想象、分析比较、归纳判断等认知表现；它提出了思维能力范畴——"主要包括直觉思维、形象思维、逻辑思维、辩证思维和创造思维"；它关注了思维品质内涵——"思维具有一定的敏捷性、灵活性、深刻性、独创性、批判性"；它甚至还涉及思维态度——"有好奇心、求知欲，崇尚真知，勇于探索创新，养成积极思考的习惯"。在语文课程和教学中，如此对待思维能力培养，实属罕见，足见思维能力在学生核心素养发展中的地位和作用。在课程内容上，专门设置了"思辨性阅读与表达"——"旨在引导学生在语文实践活动中，通过阅读、比较、推断、质疑、讨论等方式，梳理观点、事实与材料之间的关系……"将思维能力培养落在具体的课程内容上，使得思维发展成为有本之木、有源之水。

"语言是重要的交际工具和思维工具，语言的发展过程也是思维的发展过程。"从新课标关于"语言运用"与"思维能力"关系的论述中可以发现，写作教学是学生的思维水平提升的关键区域，更是学生的言语思维成长的重要契机。重视对写作教学中思维能力提升的研究，或许是未来语文教学的一个极有价值的命题。韩雪屏先生将写作能力分为五个"能级"：书写技能、用语技能、构段技能、谋篇技能以及立意技能。[①] 除书写技能外，其他每项技能训练都与思维有关；或者说，在进行这四项写作技能训练的同时，学生的思维训练也与之同构共生。

一是"用语技能"训练伴随着直觉思维。 在写作学习中，学生的"用语技能"体现为学生根据"中心词"即时调用其他语句加以补充、说明、强化，这就需要借助想象和联想这些直觉思维。譬如五下课文《威尼斯的小艇》中关于小艇样子的"用语"："威尼斯的小艇有二三十英尺长，又窄又深，有点像独木舟。船头和船艄向上翘起，像挂在天边的新月；行动轻快灵活，仿佛田沟里的水蛇。"为了写出小艇的"窄"和"深"，联想到"独木舟"；为了写出小艇的"翘"，联想到"天边的新月"；为了写出小艇的"行动灵活"，联想到"田沟里的水蛇"。在写作教学中，要训练学生的"用语技能"，就得从由此及彼的想象或联想这些直觉思维训练入手，这样可以保证他们写作"用语"的生动、鲜活和形象，也能将体现人或事物特征的关键词语写得活灵活现、富有画面感。

二是"构段技能"训练伴随着逻辑思维。 小学阶段的写作教学，"构段技能"是训练重点，要围绕"观点句"进行逐层分解，力求让观点鲜明可信。课文《威尼斯的小艇》第四段提出的大观点是"船夫的驾驶技术特别好"，先是写驾驶的环境复杂——"行船的速度极快，来往船只很多"；接着从船夫的正面视角描写了"不管怎么拥挤""遇到极窄的地方"两种极端状况下的行船；最后从游客视角着手，"飞一般的后退""眼睛忙极了"侧面展现了船夫驾驶技术高。先综合再分析，逐层将"驾驶技术特别好"具体化、铺陈化，做到了分而不散，聚而不叠；并且散落在字里行间的"不管""总能""而且""还能"这些关联词语，让段落的表达思维严谨。这样富有逻辑的"构段技能"如能在

---

① 韩雪屏.语文教育的心理学原理[M].上海：上海教育出版社，2001：149—150.

学生的语用实践中被不断"复制"，反复训练，学生的思维能力就会逐渐提升。

三是"谋篇技能"训练伴随着辩证思维。长期以来，在小学阶段少有谋篇训练，无论是写人叙事，还是写景状物，基本都是在教师的主导下拟定写作提纲，学生针对各种文体的布局谋篇，基本上形成了一个大体的框架。因此，在此环节训练一直处于"请君入瓮"的状态，学生的思维较少参与。在指向思维能力发展的小学未来写作教学中，"谋篇技能"必将得到重视，在"谋篇技能"中占据主导地位的辩证思维必将得到强化。譬如"写人"，四下习作7《我的"自画像"》中，学生进行自我介绍时，应当坚持"优点"和"不足"齐头并进，这样介绍才能够客观全面；五下习作5《形形色色的人》中，在借助典型事例突显他人某个方面的显著特点时，构思应当从正反两个方面进行：一是此特点给他人和周围生活带来好处，二是这个特点给他人和周围生活造成麻烦。只有兼顾利弊，才是真实全面地刻画人。在叙事、写景状物类习作中，无论是现实性写作还是虚构类习作，无论是内容轻重还是描述详略，在布局谋篇的过程中，都需要持有"一分为二"的辩证思维，它可以让学生的习作格局清新，走出片面夸大的俗套。

四是"立意技能"训练伴随着创造思维。迄今为止，笔者尚未见过在小学阶段的写作课堂上有"立意技能"训练。但这并不意味着小学阶段不需要"立意技能"训练，恰恰相反，它在当下的小学写作教学中更显弥足珍贵。小学写作教学一直在思考"写什么"，很少思考"将什么写成什么样子"，因为这受到"立意技能"及其背后思维能力教学缺位的掣肘。指向学生核心素养发展的写作教学，应当将创造思维作为"立意技能"训练的关键切面。譬如以"橡皮"为例，如果立意是让大家"了解橡皮"，可以从橡皮的样子、功能、种类等几个方面来介绍；如果立意是让大家"爱护橡皮"，可以从当下小学生对橡皮的种种"破坏"写起；如果立意是让大家"畅想橡皮"，可以引导学生展开奇思妙想，去创想未来橡皮的奇特外形和奇妙功能。多视角的立意，源自学生丰富的思维创造。重视学生的创造思维培养，可以从根源上提升学生语言表达的深刻性与独创性。

　　需要说明的是，学生思维能力的发展，并不是与具体的写作"能级"训练逐一对应的，在有些写作"能级"训练中，可能是多项思维能力同时发展，协同作用。一句话，思维能力是学生"个体语言经验"的内核，高质量的"个体语言经验"源自指向高阶思维的能力。

第二节 核心素养取向下的写作学习新内容

2022 年版语文新课标关于写作学习的内容有了重要调整，这给写作教学带来了冲击与挑战：会倒逼写作教学自觉更新理念与转变教学方式以与之相适应，同时也给固有的写作能力发展体系带来变构与改善。

热词一：创意表达

1936 年，美国爱荷华大学（现称艾奥瓦大学）创立了创意写作艺术硕士学位，标志着创意写作学科的正式诞生。作为一门学科，创意写作主要是通过写作技巧的教学与反复的写作实践，使学生获得专业技能，独立完成创造性的写作任务。在当前的基础教育阶段，"创意表达"有两种较有代表性的观点：一种认为创意写作是具有创造性、新颖性、特别性的写作；另一种认为创意写作就是文学写作，或至少以文学写作为主体。[①]

在新课标中"文学阅读"与"创意表达"属于同一学习任务群，旨在"通过整体感知、联想想象，感受文学语言和形象的独特魅力，获得个体化的审美体验……尝试创作文学作品"，加之在学段目标中有具体的表述："学习用口头或者图文结合的方式创编儿童诗和有趣的故事，发展想象力""学习联想与想象，尝试富有创意的表达""学习运用细节描写等文学表现手法，描

---

① 叶黎明. 创意写作教学的创意在哪里 [J]. 语文教学通讯 C 刊, 2017（7）:21—24.

述自己成长中的故事"。由此可见，关于"创意表达"的两种观点在小学写作教学中兼而有之，在不同的学段，"创意表达"呈现不同的教学内容和实践样态。

中年级侧重于"有创意地写作"。就是将丰富多彩的写作形式引入写作教学，以激发学生奇特、奇妙、奇幻的想象力。譬如，三上习作3《我来编童话》，教材提供故事的角色、故事发生的时间、故事发生的地点，让学生自由组合，给予充分的创编空间，这是内容上的"创意"；四上习作2《小小"动物园"》，明明是写自己的家人，却要将每个人都当成与之相似的动物写，这是形式上的"创意"；四下习作8《故事新编》，根据不同的故事结局，去推想故事的情节，这是构思上的"创意"。从统编小学语文习作教材编排的内容看，这是为学生有创意地表达提供了坚实的平台和无限空间。因此，此阶段的"创意表达"应当将学生的想象能力和想象品质作为教学重点。

高年级侧重于"文学写作"。将"文学"作为关键词语写进课程标准，将文学阅读与文学表达纳入教学内容，这是新课标的一个华丽转向。其实，在统编小学语文教材中，已经出现了多个小说阅读与写作单元，并且言之凿凿地提出"虚构性写作"，打破了传统小学写作教学"要作文，先做人"的写真人、写真事的格局。六上习作4《笔尖流出的故事》中提出这样的写作要求："故事要围绕主要人物展开""情节尽可能吸引人""试着写出故事发生的环境""还可以写一写人物的心理活动"。小说的三要素齐备，更有细节描写支持，这一切无不表明作为文学的"小说写作"已经正式步入小学写作课堂，这是前所未有的创举。在未来的小学语文教材中，"文学写作"的份额还会有所增加，大有向中年段辐射和铺展的势头。

"创意表达"给学生写作带来了更大的自我空间，是学生书面语言从仿造走向创造的转折阶段；"创意表达"是学生的语言经验走向"个体"，逐渐形成自己的语言运用风格特征的关键阶段，即"个体语言经验"形成的阶段。

热词二：跨媒介写作

传统的写作是纯文本写作，但在一些特殊的文体写作譬如研究报告中，在一些特定的表达需要譬如复杂的说明文中，就需要跨媒介文本的帮助。跨媒介文本在 2011 年版课标中被称为"非连续性文本"，而在 2017 年版 2020 年修订的高中语文课标中，有专门的"跨媒介阅读与交流"板块。在义务教育阶段的语文学习中，跨媒介阅读和写作虽然没有被明确提出，但隐含在不同学段的语文实践活动中，闪现在相关的语文学习任务群中。

"生活、学习、工作走向跨媒介生存的同时，语言文字运用表现新特点并呈现新面貌，语言实践活动更加丰富，语文素养内涵和外延都有所拓展。"[①] 因此，新课标基于"跨媒介生存"的大背景，提出了"尝试用表格、图像、音频等多种媒介，呈现自己的观察与探究所得""学习跨媒介阅读与运用，初步运用多种方法整理和呈现信息""应加强对跨媒介阅读与交流的指导，充分利用数字资源和信息化平台，引导学生提高语言理解和运用能力"，这意味着写作学习不仅是单一的文本表达，还应当包括跨媒介表达；还提出"应鼓励学生借助信息技术，自主搜集和利用学习资源，拓展思路，支持自己的思考和论说"，这意味着多媒介已经作为语言实践的新路径和新手段，逐渐介入写作学习，正在服务于语言表达。

"跨媒介写作"，在小学阶段表现为"尝试写简单的研究报告"。做好此类内容的写作教学，应当立足以下四个层面展开语言实践活动。

一是结合兴趣，提出问题。学生在语言实践活动中，经常会发现和提出一些有趣的问题。要引导学生围绕语言学习的兴趣点，从不同的角度提出问题，形成"问题群组"，汇聚"问题主题"，最终生成研究的小课题或者小项目。譬如"中国的民间故事研究"，可以引导学生从不同角度提出问题：民间故事是

---

① 管贤强. 跨媒介阅读与交流：媒介化生存下语文课程内容新任务 [J]. 教育学报，2021（2）:52—60

016

怎么产生的？民间故事有哪些类型？我的家乡盛传哪些民间故事？民间故事与神话故事有什么区别？……关于主题的疑问越多，研究就会越深入，研究报告就会越有分量。

二是跨越媒介，搜集信息。要借助图书馆、互联网、音频和视频等各种媒介手段，搜集与研究主题相关的资源。如果是纸质资源，要在摘录的资料下面注明出处——书名、作者、出版社、出版日期；如果是网络资源，要在经过复制、粘贴、编辑的文字或下载的音视频资源下面标注源文件网址链接。这是为了一方面保证跨媒介资源的科学性、完整性，另一方面对资源创作者的知识产权进行维护。

三是针对问题，梳理信息。要结合研究主题中相关的"问题群组"，对搜集到的各种媒介信息进行分门别类，逐一匹配。在梳理信息的过程中要做到一"选"，选出资料中最符合类别特点的内容；二"删"，删除不相关的、重复的、难以读懂的内容；三"补"，对于资料中含糊的部分，再次进行补充搜集；四"转"，尽量将资源语言、视频音频语言转换成学生喜闻乐见的话语方式。通过以上步骤，可以让多媒介资源适配化、条理化、儿童化。

四是分析信息，得出结论。面对纲举目张的多媒介资源，还需要进行分析，从中提炼出所研究问题的相关结论。提炼结论有三个妙招：一是"自说自话"，针对资源中的数字、图像，可以独立写出自己的观点与感受；二是"名言助阵"，对于资源中的相关描述，可以找出有关名人、专家对此的论述、评价、赞颂来作点睛之笔；三是"图表相衬"，可以将筛选和梳理后的资源绘制成图表，以体现出总体趋势和多元视角，这样更利于结论的形成。

关于"跨媒介写作"这种特殊的表达形式，就新课标的表述看，它在小学阶段属于浅尝辄止，旨在"试水"，重在"跨媒介写作"的意识培养、方法渗透，随着学段升高，会越发得到重视和锤炼。总之，"跨媒介写作"使得学生写作呈现出"非连续性文本"状态，可以极大地丰富学生"个体语言经验"的样态，使学生面对任务情境时有更丰富的经验调动和更多元的经验应对。

热词三：思辨性表达

新课标在课程内容上专门设置了"思辨性阅读与表达"学习任务群，旗帜鲜明地将说理教学增设在语文课程之中，打破了小学写作教学长期以来以写记叙文为主的惯例，这样的教材编排是空前的。新课标在第一学段要求"说出自己的想法""大胆提出生活和学习中遇到的问题"；在第二学段要求"依据事实和细节，运用口头和图文结合的方法，表达自己的观点和思考"；在第三学段要求"学习有理有据地口头或书面表达自己的观点"。字里行间，已经清楚地表述出小学阶段"思辨性表达"的基本要点：一是勇敢地说，态度诚恳、落落大方地将自己的观点呈现出来；二是理智地说，用"事实与细节"有理有据地印证自己的观点。

现行的统编版小学语文教材，已经在第二、三学段安排了说理类的习作 9 篇，贯穿在 3—6 年级之中。"习作数量之多，习作要求之明，言语思维强度之大，足显教材编者意图之强烈：让学生学习'说理'，做到'言之有理'，逐渐形成一定言语智慧。"① 这样未雨绸缪，充分体现了教材编者的先见之明，也客观顺应了注重言语思维培养、强化说理教育的国际写作教学大趋势。

小学阶段的"思辨性写作"，应当区别于中学阶段的"议论文"教学——强调论点的鲜明，注重论点和论据的高度匹配，注重论证过程中丝丝入扣的严谨思维。"思辨性写作"在论点上往往只关乎有无，在论据上常常夹叙夹议，在论证过程中可能带有理性但追求理智，毕竟这是学生进行说理训练的起步阶段，毕竟在我国的小学阶段"说理写作"才刚刚被提及。基于此，关于小学"思辨性写作"，在教学中应当明确两条"红线"。

一是以"理"服人。"思辨性写作"，最核心的教学内容就是为学生的说理搭建基本的写作支架，在这个支架中，只有作为论据的"事"与成为论点的

① 吴勇 . 发展学生言语的"理智感"——统编小学语文教材"说理类"习作教学探讨[J]. 小学语文教学，2021（5）：14—17.

"理"形成逻辑关联，才能在说理过程中做到"理直气壮"。在五上习作6《我想对您说》教学中，笔者以"爸爸，您是否可以少抽一点香烟"为言说之"理"，通过习作例文，为学生设计了三个说理支架。支架一：有"序"列举。劝说爸爸不要抽烟，就先得证明"爸爸抽烟"这个事实客观存在：有条理地列举爸爸清晨抽烟、白天抽烟、晚上抽烟的事实，这样的时序列举，能让当事人深切感受到自己抽烟频度高、时间长。支架二：有"据"支持。如果没有细节支持，列举还显得笼统，很难让对方信服，因此需要借助细节还原"爸爸抽烟"对家庭造成的巨大影响：房间里"烟雾缭绕，几乎看不见人影"，自身有"断断续续的咳嗽声"，家里"弥漫着浓浓的烟味"，熏得小狗"上蹿下跳，汪汪直叫"，爸爸"连家里人都不爱搭理"。借助他者的观感描绘，能让爸爸对自身的抽烟行为形成自察和自省。支架三：有"见"跟进。说理的目的，不是让对方相信，而是让对方改变，因此"建议"可以针对对方的性格、兴趣、爱好进行，甚至可以针对对方的特长等进行。只有抵达对方的"软肋"与"擅长"，所说之"理"才能"立"起来，才会让对方产生积极回应。有"序"，有"据"，有"见"，是学生"思辨性写作"形成"理"、呈现"理"、合乎"理"的动态过程，更是"思辨性写作"教学的技术路线。

二是以"礼"待人。说理类习作，从本质上看，就是所说之"理"得到对方认同。而认同的前提就是在说理过程中，能让对方体验到尊重。譬如三上习作7《我有一个想法》，教材提供的例文2中，"最近我一直在想，我们班能不能开辟一个植物角呢？"这一句话应当成为一个重要的教学资源："能不能"旨在提醒学生，向他人表达自己的想法时，应当保持协商的口吻和措辞；最为关键的是后面的问号，再次呼应前面的"能不能"，进一步让学生明白，向他人表达想法时，少用祈使句，多用疑问句，说理不是强制，而是协商。以"礼"待人是"思辨性写作"教学设计中一以贯之的"暗线"。它的作用在于推波助澜，让所说之"理"深入人心，让说理对象心服口服。

需要说明的是，"思辨性表达"不仅仅局限在说理类写作中，在叙事类、状物类习作中，它同样在运行。因为，它是学生"个体语言经验"的一种品质，展现了学生组织语言材料的思维方式与搭建结构。

热词四：跨学科写作

新课标在课程理念上大力倡导"注重课程内容与生活、与其他学科之间的联系，注重听说读写的整合，促进知识与能力、过程与方法、情感态度与价值观的整体发展"。"综合性"是语文课程的重要性质，"整合性"是语文课程教学的关键策略。基于这样的理解，新课标在课程内容上专门设置了"跨学科学习"任务群——"联结课堂内外、学校内外，拓宽语文学习和运用领域"，旨在拓宽语文学习的空间与路径，将单一的课堂语文学习引向多时空的"全语文"学习；"围绕学科学习、社会活动中有意义的话题，开展阅读、梳理、探究、交流等活动，在综合运用多学科知识发现问题、分析问题、解决问题的过程中，提高语言文字运用能力"。这意味着新课标摒弃了习题式的知识点训练，取而代之的将是活动与体验、问题与探究、设计与表达等综合性语文学习活动，从而引导学生从笼统的"体悟学习"走向聚焦的"主题学习"，从语文教材中"读文章"走向多学科贯通"做活动"，从纯粹的"学语文"转向多学科融通的"用语文"。

"跨学科写作"是"跨学科学习"任务群的组成部分，它的提出早于"跨学科学习"，始于 20 世纪 70 年代美国的高等教育。当传统写作教学已经不能满足日益专业化的学术写作需求，写作与具体学科结合的趋势与日俱增时，"跨学科写作"应运而生，意在引导写作成为解决现实问题的工具与手段。在小学阶段开展"跨学科写作"，其本质与学术写作无异，有"有意义的话题"，有"发现问题、分析问题、解决问题"的探究过程，但作为小学阶段的写作教学，其更趋向于学生对任务语篇的言语内容及言语结构的探究与把握。

在现行的统编版小学语文习作教材中不乏"跨学科写作"的训练，特别是在想象类习作领域，每一篇训练都兼具"跨学科写作"的性质。不妨以六下习作5《插上科学的翅膀飞》为例，具体探讨小学"跨学科写作"的路径。

一是明确学习主题。在写作学习中通常有写作任务，这是明确的学习主题；在"跨学科写作"学习中，因为主题存在，才能够打通语文学科与其他学科之间的关联；因为主题鲜明，才可以将学习问题明朗化，将问题探究过程方向化。在《插上科学的翅膀飞》这篇习作中，"写一个科幻故事"就是本次写作学习的主题，也是学生写作学习的起点和终点。

二是突显学习问题。学生在本次写作学习活动中到底要解决什么问题，可以从两个层面理解：本次写作活动中到底要写些什么，这只是浮在文字表面的浅层问题；在写的过程中，学生会遭遇到哪些障碍，又该如何化解这些难题，这才是扎根写作学情的深层问题。《插上科学的翅膀飞》这篇习作的开篇导语其实就将学习问题摆在了学生面前："想象一下，如果大脑能直接从书上拷贝知识，如果人能在火星上生活，如果你能用时光机穿越时空回到恐龙时代……会发生些什么？"学生展开"想象"去写作就是对这些问题的解答与回应。可是"想象"不能天马行空，如何针对"科幻故事"这个文体特征去想，才是更深层的学习问题。

三是呈现探究过程。在"跨学科写作"学习中，学生需要探究的问题包括两个方面。一是语言层面的问题，就是在学生在完成本次写作学习任务的过程中，在言语结构上有哪些方面力所不逮；二是内容层面的问题，就是学生在表达内容上对哪些牵涉其他领域的知识缺乏认知。就《插上科学的翅膀飞》这篇习作而言，在言语结构上可能对科幻故事的文体特征和叙述特点缺乏了解，在表达内容上可能对"大脑拷贝""火星生活""恐龙时代"这些非语文学科的知识相对陌生。因此，基于写作学习的问题探究就此拉开序幕。首先是文体探究。阅读适宜学段的科幻故事，引导学生用思维导图或者结构提纲呈现故事脉络，以此探究科幻故事的语言表达结构。其次是内容探究。借助图书馆或网络资源，搜集与故事内容相关的其他学科领域的知识，特别是当代科技发展的新进展。研究"大脑拷贝"，就得借助生理科学，了解人的大脑皮层以及脑科学发展的最新知识；研究"火星生活"，就得借助天文学知识，了解火星地形、地貌以及不适合人类生存的环境特点，特别是中国"祝融号"登陆火星的实况；研究"恐龙时代"，就得借助生物学知识，了解远古时期恐龙的种类、习性以及生存状态。最后是情节探究。通过阅读、梳理、提炼，以便在科幻故事情节设计中选择适宜的"障碍"，在征服"障碍"的细节表达中用到"令人信服的科学技术"。问题探究的过程，就是"跨学科写作"学习的过程，就是学生融通多学科开展语言实践活动的过程。

四是展评问题解决。"跨学科写作"学习需要科学完善的评价体制来跟进。评价内容既要有学生在问题探究过程中的具体表现，更要有任务语篇的真实表达状况。在《插上科学的翅膀飞》这篇习作训练的展评环节，教师要引导学生从问题探究质量出发，进行语用水平评价：（1）这篇科幻故事的情节能吸引你吗？（2）这篇科幻故事中出现的危难，你是否觉得合情合理？（3）这篇科幻故事所运用的科学技术令人信服吗？这样的评价，让科幻故事写作走出了信马由缰的胡编滥造，走向"跨学科写作"学习支持下充满智慧的高质量想象。

"跨学科写作"，是为了学生"个体语言经验"的发展而从语文学科"跨"出去，为他们语用能力的提升营造更为开阔的空间，它使得写作不仅成为一种技能训练，更成为一种认知方式。

2022年版语文新课标的实施，将全速推动小学写作教学的转型和升级，将持续推动学生"个体语言经验"走向积累、建构与重构。值得提醒的是，语文课程的基本特点没有因为课标的修订而有所改变，语文课程的教学规律没有因为课标中出现新的课程理念和内容而有所改变。坚守"不变"，顺应"万变"，以"不变"理解"万变"，这是学习新课标和实施新课标的应有姿态。

第二章

"个体语言经验"：写作教学的新锚点

"个体语言经验"被打上"个体"的烙印，那是因为它是一个人主观的语感。同样的语句、语段、语篇，因为阅读与表达的个体之间对语言的敏锐感知程度不同，因为个体之间听说读写能力的倾向不同，所形成或所调用的语言经验就会有所差异。但并不意味着"个体语言经验"就各自为政、各美其美，它还包括对祖国语言文字运用的基本规律的正确把握，即对客观语理的有效遵循。显而易见，"个体语言经验"其实是学生主观语感与客观语理的有机同构，是学生感性体验与理性规律在语言实践中的有效统整。学生"个体语言经验"的形成始终处于动态的语用实践中，这就是我们常说的，"在游泳中学会游泳"；如果放置在语文课程中，就是在识字写字中学会识字写字，在阅读中学会阅读，在口语交际中学会口语交际，在写作中学会写作。总之，它属于"做事"的学问，适合在"做中学"。

第一节 "个体语言经验"是语文课程的关键落脚点

《义务教育语文课程标准（2022年版）》将"语言运用"作为语文课程培养的核心素养之一。与"语言运用"并存的是"语言建构"，两者之间互为因果："语言建构"是"语言运用"的基础，"语言运用"是"语言建构"的动因。其实这两者都属于语言实践活动的范畴，都是基于"个体语言经验"的形成、丰富和发展。因此，研究"个体语言经验"的基本属性、渐进机制和素养担当，对语文新课标倡导的素养本位及以语言实践活动为主线的语文学习任务群的理解与实施，有着前提性意义。

一、"个体语言经验"的基本属性

关于"个体语言经验"，多年之前韩雪屏先生将它与静态的词法、句式和修辞法等语言规则相比较，称之为"动态的言语经验"。"动态的言语经验必然具有两大特点：一是离不开语言的'题旨'，即语义；二是离不开语言的'情境'，即语境。研究作者在特定的语境中，为了表达特定的语义，采用了什么样的语言材料和手段，起到了怎样的语用效果，我想，这大约是研究动态言语经验的真谛。"[1]的确，"个体语言经验"缄默其内，本身我们无法看到，只有当言语个体在具体情境中综合而整体呈现时，它才现出"庐山真面目"。那么，

---

① 韩雪屏.讲静态语言规则还是教动态言语经验[J].语文教学通讯，1998（2）:61—62.

它在具体的语言实践中，有怎样的属性呢？只有从学理层面探究它，发现它，认识它，才能在语文课程实践层面培育它，构建它，发展它。

1. 素养属性

语文课程对学生核心素养发展最根本的贡献就是"语言运用"，它是"文化自信""思维能力""审美创造"的基础。而决定着"语言运用"能力高下的是学生"个体语言经验"的丰富程度。因此，"个体语言经验"是学生在某个语文学习阶段的语言建构和运用水平的综合体现，体现为学生在具体的语境中正确有效地运用国家通用语言文字进行表达和交流的能力。语言经验，分为自主"习得"和课堂"教得"，它属于学生的缄默性知识，具有内隐性。它不是静态的语言表达规则，而是动态的言语生成和表达机制，具有鲜明的个体属性。它是学生主观的感性与客观的语言表达规律的有机融合，在外显的输出过程中，具有"不假思索"和"脱口而出"的特征。它生动地展现出学生个体阅读体验和表达主旨的水平。因此，可以这样认为，"个体语言经验"是直观而敏锐的"语感"与客观而体现语言运用规律的"语理"的结合，是彼此之间相互作用的结果，也是一个学生语言素养的阶段性、动态性、整体性呈现。

2. 实践属性

众所周知，"经验"要在历练中获得，是在"做事"的过程中日积月累的。以此类推，"个休语言经验"应当在"语言实践"中锻炼，与"语言实践"相伴相随，同构共生。因此，当讨论"个体语言经验"这个话题时，"语言实践"应当是它的意义背景；当探讨"个体语言经验"的形成时，"语言实践"活动设计不可或缺。新课标关于"语言运用"有这样的论述："语言运用是指学生在丰富的语言实践中，通过主动的积累、梳理和整合，初步具有良好语感；了解国家通用语言文字的特点和运用规律，形成个体语言经验。"不难看出，获得"个体语言经验"的主要语言实践活动是积累、梳理、整合、运用，即让学生在积累语言、梳理语言、整合语言、运用语言的实践中获得语言经验。语言学习活动，首先就是"积累较为丰富的语言材料和言语活动经验"，这是最基本的做法；其次是"梳理"，"在已经积累的语言材料间建立起有机联系"，进行知识归类；再次是"整合"，"将积累的语言材料和学习的语文知识结构化"；最后是"运用"，"根据具体的语言情境和不同的对象，运用口头和书面语言文明得体地进行表达与交流"。[①] 由此可见，"个体语言经验"除了"习得"和"教得"，更重要的是学生个体的"练得"，这就是我们常说的"在游泳中学会游泳"。

3. 心理属性

"个体语言经验"，如果从语文教育心理学视角看，它属于"言语心智技能"，就是"以内部言语形式存在的，对个体言语实践活动具有调节和调控作用，合乎法则的心智活动方式"[②]。不难看出，在心理学的观照下，"个体语言经验"有可能走出"只可意会不可言传"的"暗箱"，得到清晰的表述：它是一种动作经验，给学生的言语操作活动提供了确定的方向和路线；它是一种内潜性观念，借助内部语言在头脑中默默进行，可以通过所作用的对象的变化来判断它的存在；它是合乎法则的活动方式，所包括的心智技能、动作要素、顺序要求，应当体现汉语言的构成规律和组合法则，不能信马由缰。基于此，"个体语言经验"除了个体"习得"之外，更重要的是"教得"和"练得"，需要经过系统的语文课程学习和教学训练，方能获得。

4. 发展属性

学生在进入语文课程学习之前就拥有"个体语言经验"，这是在母语环境熏陶之下的自然习得。这与语文新课标中所言的"个体语言经验"是有区别的，后者是让学生有意识、有针对性地必然获得。在小学阶段，随着学生的年段逐步升高，学生的"个体语言经验"无论在数量还是质量上都在不断丰富和拓展，语言经验的个体性也在悄无声息地滋养和孕育。因此，"个体语言经验"始终

---

① 中华人民共和国教育部.普通高中语文课程标准（2017年版2020年修订）[M].北京：人民教育出版社，2020:5—6.

② 韩雪屏.语文教育的心理学原理[M].上海：上海教育出版社，2001:228—230.

是一个开放结构。它在不断累积，随着有组织的课程学习，学生通过识字写字、课内外阅读、口语交际、习作等学习活动逐步蓄积语言经验；它在渐进沉淀，面对丰富多彩的交际语境和交际对象，学生始终处于"全天候"和"跨学科"的历练状态，优质的言语结构在不断叠加和扩展；它在实时更新，面对着崭新的阅读和表达任务挑战，随着新鲜语境和对象来袭，学生已经形成的语言经验结构不断被打破平衡，走向重构，意味着新的语言经验已经萌芽生长，破土而出。总之，学生的"个体语言经验"永远走在路上，只是"暂时状态"，没有"完型结构"。

5. 生本属性

"个体语言经验"的成熟，最终应当体现在"个体"上，表现为一个人"在个人言语经验的基础上，逐步建构起自己的言语体系，包括属于个人的言语心理词典、句典和表达风格"[①]，也就是一个人能够在长期的语言实践中，呈现出来的独特文本阅读习惯，口头和书面语言表达风格。阅读习惯和表达风格，在小学阶段尚不明显，只有在语言经验共性基础上的个别差异而已。但在"个体语言经验"培育的过程中，应当充分尊重学生在语言实践中呈现出来的言语个性，譬如让学生选择自己喜欢的方式，阅读自己情有独钟的书籍；譬如让学生选择自己喜欢的文体，表达自己内心最真切的感受；譬如对于学生在阅读交流过程中展现出来的独特见解，教师要迅速捕捉，并旗帜鲜明地表达出自己的欣赏和鼓励；譬如对于学生在习作中流露出来的鲜活表达，教师要敏锐圈点与评注，并不吝言辞地当众大加赞赏。要让学生在语言实践活动中，逐渐形成个性化的"语言倾向"。"语言要呈现出来，有各种个性风格：有的豪迈，有的婉曲；有的明白晓畅，有的典雅精致。"笔者认为，新课标所谓的"形成个体语言经验"，就是寻找一种适合自己的表达语言。[②]所以，在小学阶段，语文教师要在面向整体进行语言经验建构与发展的同时，积极鼓励学生寻找"属于自己的

---

① 王宁.谈谈语言建构与运用[J].语文学习，2018（1）:9—12.

② 边建松."个体言语经验"浅释[J].教学月刊.中学版，2019（10）:14—17.

句子"，逐步累积属于自身的"言语心理词典、句典"。

"个体语言经验"的素养属性决定了它伴随和影响人的一生，实践属性体现为它"生"在生活里、"长"在行动中，心理属性意在强调它的发展需要根植在科学的语文课程与教学体系之中，发展属性展示了它终身开放、永不止步的格局，生本属性道出了它从"共性经验"走向"个性经验"的发展方向。研究"个体语言经验"的属性，就会把握语文课程的素养定位；尊重"个体语言经验"的属性，就能切中肯綮地提升语文课程的运行效率。

二、"个体语言经验"的渐进机制

"个体语言经验"的形成是一个耳濡目染、身体力行的渐进过程。在这一过程中，语文课程和教学训练应当应为尽为、责无旁贷地发挥自身功能与职责，千方百计地探寻它的生成与发展路径。"很多学生在学习语言的过程中无法找到适合自己的言语经验，这就需要教师剖析文段的语用，并在此基础上促使学生建构'语文知识结构'，进而形成个体言语经验。"[①]"剖析文段的语用"是语文课程与教学中最为日常的语言实践活动，也是"个体语言经验"发端、孕生和发展的历程。

1. 阅读积累是基础

在语文课程学习中，学生的"个体语言经验"主要来源于书面语言阅读与表达实践。其中，阅读是"个体语言经验"积累的基础，而教材中的课文阅读，则是"个体语言经验"的基本来源和保障。因此，阅读教学要关注教材中典型的"语言现象"，在此基础上"促使学生建构'语文知识结构'"。"对语言现象的研究首先应当是对语言表达方式的研究，而对语言现象的解释更应当是我们能够理解的语言表达方式的解释。"[②] 这是引领学生积累语言经验最便捷、最经济的教学手段。**首先是语境经验积累。**对于富有"语言现象"的段落，应当引

① 边建松.	"个体语言经验"浅释[J].教学月刊·中学版，2019（10）：14—17.

② 江怡.论语言现象[J].哲学研究，2010（1）：73—78.

导学生关注它在具体语用情境中的语言运用，这是体悟语言品质与韵味的重要策略。譬如六上课文《竹节人》中描摹小伙伴们观摩竹节人表演的场面："黑虎掏心！泰山压顶！双龙抢珠！咚锵咚锵咚咚锵！咚咚锵！下课时，教室里摆开场子，吸引了一圈黑脑袋，攒着观战，还跺脚拍手，咋咋呼呼，好不热闹。"这段文字是热闹的场面描写，在这段文字中，最醒目的就是声音，在这些声音——"黑虎掏心！泰山压顶！双龙抢珠！咚锵咚锵咚咚锵！咚咚锵！"的后面，都有一个感叹号。从语用情境中，读者能真切感受到这些声音都是表演者和围观者情不自禁地喊出来的，充满着节奏感、力量感、撕扯感、画面感，一个惊心动魄、引人入胜的争斗场面跃然纸上，是语用情境赋予了这段文字生命力。在场面阅读和表达中，要将声音与感叹号进行巧妙组合，从而将场面的活力淋漓尽致地展现出来。**其次是语形经验积累。**"语形"指的是语言在表达中的组合形式，组合方式不同，所产生的表达效果也各不相同。三下课文《小虾》中关于小虾的动态描写颇为典型："要是你用小竹枝去动动那些正在休息的小虾，它们会立即向别的安静的角落蹦去，一路上像生了气似的，不停地舞动着前面那双细长的腿，腿末端那副钳子一张一张的，胡须也一翘一翘地摆动着，连眼珠子也一突一突的。"钳子"一张一张的"，胡须"一翘一翘的"，眼珠子"一突一突的"，这样组合句式，将小虾生气时的状态活灵活现地勾画出来，轻轻一读，静态文字瞬间动感鲜活。积累这样的句式经验，可以帮助学生学会描写其他小动物的动态画面："大公鸡看到了一条小虫，立即冲过来，它火红的鸡冠一抖一抖的，仿佛一团火焰在燃烧；它尖尖的黄嘴巴一张一张的，恨不得将小虫一口吞下去；它绚丽的尾巴一甩一甩的，时刻防备着同伴抢食。"好的句式具有感染力，能一下子占据学生的语言感觉，能长时间留驻在学生的语言记忆中，能潜移默化地沉淀成学生的"个体语言经验"。**最后是语篇经验积累。**能进入教材的课文，都是历经时光打磨的经典之作，特别是从语篇的角度来看，处处充满着精心的谋划。以三下第四单元为例，选编的课文是《花钟》《蜜蜂》《小虾》，三篇课文都是状物的，开头却各有千秋：《花钟》的开篇用铺陈的描写突出了"不同的花开放时间是不同的"这个特点;《蜜蜂》则开门见山地道出了"蜜蜂有辨认方向的能力",作者想用实验验证;《小虾》却用叙述的笔调从"一口缸闲着"写起,由缸想到养"小鱼小虾"。同类语篇,立意不同,对象不同,文体不同,教材编写者就是想给读者呈现丰富的"状物"语言风貌,让学生从个性文本中获得"个体语言经验"。

2. 分类梳理是前提

学生从书面阅读中获得的"个体语言经验"还处在笼统的"雏形"和"概貌"阶段,与付诸行动的"经验"和已经内化的"个体语言经验"还存在着较大的距离。因此,还需要根据自身的语言实践需求对阅读所获进行梳理,以图让零散无序的语言经验条理化、结构化,能与已有的经验系统"兼容",并在此基础上进行拓展。基于语文课程的梳理依然以教科书为蓝本,主要包括三个方面。**一是词语梳理。**一个阶段的学业结束之后,可以将本阶段以及先前的同类词语进行整理归类,譬如描写颜色的词语"红彤彤"(ABB)、"半紫半黄"(ABAC)、"瓦蓝瓦蓝"(ABAB)、"葡萄灰"(事物＋颜色),譬如历史故事、寓言故事、神话故事中的成语等。经过梳理,可以让学生按照自己喜欢的方式自主构建"词语家族图谱",给每个新鲜的词语设置合适的摆放位置,以便快捷自如地调用。**二是句子梳理。**在阅读过程中,可以让学生将自己特别喜欢的句子摘录到相应的"句群"中,譬如描写水面的句子、描写树木的句子、描写花草的句子、描写昆虫的句子、描写房屋的句子、描写声音的句子……鼓励学生按照自己的使用习惯构筑属于自己的"句宝库"。整理分类的过程就是语言实践的过程,就是经验结构化的过程。**三是语段梳理。**可以引导学生在一个有典型逻辑的语段的阅读中,让语用情境中的事物、人物、场景形成意义关联。譬如在阅读六上课文《开国大典》"群众入场"的语段时,引导学生从"颜色"角度来感受场面的喜庆:"八盏大红宫灯""八面红旗""擎着红旗""提着红灯""红旗翻动",一个"红"字贯穿在场面之中,将大典欢乐的气氛和群众参加大典的兴奋心情表现得一览无余。再如在阅读"举行典礼"的语段时,引导学生从"声音"角度体会场面的庄重热烈：排山倒海的掌声，《义勇军进行曲》"这战斗的声音"，毛主席的宣告"这雄伟的声音"，"礼炮响起来"的声音，"国旗和其他旗帜飘拂的声音"，毛主席宣读公告发出的"新中国的声音"，群众"热烈的欢呼"，这么多声音交织在一起，让举世瞩目的"开国大典"场面立体欢动。这样的意义梳理，让课文理解变得通透，为学生关于场面的阅读和表达积累了直观而清晰的"个体语言经验"。

3. 综合运用是训练

"个体语言经验"必须经得住语用检验。只有在语言运用实践中能释放"语力"，才能称之为"经验"；只有能针对各种语用情境，招之即来，并且恰当自如，才能称之为"个体语言经验"。因此，将"个体语言经验"固着与沉淀，需要通过综合运用这一个"关卡"。**第一关是适配情境**。语句的理解和运用，必须放置在具体的语用情境中来斟酌和裁定：是否清楚具体，是否恰当传神，是否逼真鲜活，是否贴合作者的情感，是否能激发读者的阅读期待？这些是最基本的语言实践经验，也是个体的背景性经验。**第二关是结构拼图**。这一关侧重于培养学生的语用思维，语用过程就是搭"言语积木"、做"言语拼图"的过程。如果是阅读理解，就是围绕文章主旨，从语段或语篇中提炼"言语拼图"；如果是写作，那就是聚焦表达主旨，调用词语和句段去建构"言语拼图"。在搭建"言语拼图"的过程中，优质语言样本就会生成大体的"样貌"，在大脑语言皮层中逐渐固着下来。面对同样的写作对象，在不同语用情境中，搭建不同的"言语拼图"，经过这样反复的操练，"个体语言经验"就会逐步清晰，逐渐可视。**第三关是整体贯通**。学生的语言实践活动面对的都是语篇整体，因此，一个语篇的阅读和表达，其实就是"个体语言经验"的一次综合性演练。"在思维过程中，每一个环节就是一个段落，就形成一个层次；层次之间前后叠加，形成了段落结构。"[①]沿着这样的思维路径，激活学生的"词语家族图谱"和"句

---

① 吴勇."言语拼图"：后写作知识时代的教学变革[J].语文教学通讯C刊，2021（1）:8—11.

宝库"，引导学生做整体的"言语拼图"，这是最扎实的语用实践活动，也是学生"个体语言经验"获得突破性发展和跨越性提升的主阵地。

4. 反思改善是强化

学生的"个体语言经验"有时并不稳定和可靠，尽管它有着"语理"的一面，但教学和训练依托的都是公共的语言知识和一般语言运用规律，这些知识和规律一旦进入个体，就会进行适体性改造和调整，从而形成自己能够理解、可以调用的语言实践经验。在这些经验还没有明晰和固着之前，我们常常会在语言实践过程中，进行针对性调整和改进。这个过程并不是自动自觉地体现在每个学生身上，而需要教学和训练的跟进与配合。**一是反思问题。**学生的言语表现，其实就是其当下现实"个体语言经验"水平的体现。教师有责任引导学生用语文的方式发现和顿悟自身语言经验的缺陷，譬如"沉浸式朗读"和"对比性互文"就是常见且有效的反思方式，读读自己的，再读读别人的，很快就能发现自身语言经验中有待完善的区域。**二是反复优化。**学生的"个体语言经验"不是一成不变的，即便是优秀作家，他们的"个体语言经验"也需要在写作实践中反复锤炼，努力突破自身的言语瓶颈。因此，对学生而言，"个体语言经验"具有基础性，存在着无限的可能性，时刻等待新的经验覆盖叠加、优化整合，真可谓"语言虐我千万遍，我待语言如初恋"。**三是沉淀固着。**在学生的"个体语言经验"中，一些倾向性经验或使用习惯会一直不变，历次使用都顺畅自如；还有一些经验会不断升级，日臻完善，内容成熟，操作熟练。像这样的语言经验已经真正走向个体，融入个体，生成了语用的"条件反射"，形成了稳定的语言心理机制。

"个体语言经验"从萌芽到生成，从积累到发展，从发展到成熟，从宏观上看，可以横贯人的一生；从中观上看，需要一个完整的课程学习阶段；从微观上看，也许就在一次任务群学习的过程之中。但对"成熟"的认识是一致的：是属于某个年龄阶段的"成熟"，是同龄人相互比较中的"成熟"，它依然是一个不确定的发展性、生长性概念。

三、"个体语言经验"的素养担当

"在语文课程中，学生的思维能力、审美创造、文化自信都以语言运用为基础，并在学生个体语言经验发展过程中得以实现。"由此看出，"个体语言经验"是学生核心素养发展的综合产物和集中体现，学生的"个体语言经验"在积累、发展、成熟的过程中，"思维能力""审美创造""文化自信"也裹挟与包蕴其中，成为它的重要内涵、内核和内载。

1. 文化自信："个体语言经验"的内涵营建

语文课程相较于其他类型的课程，一个显著的特征就是"以文化人"。这里的"文"不仅仅是文章，更是蕴含在文章中的文化。语文课程中的语言，就是民族文化、传统文化、先进文化的映射和镜像。因此，文化常常就是学生"个体语言经验"的精神内涵，"个体语言经验"的形成过程就是文化化人的过程，就是认同中华文化的过程。一方面，学生的"个体语言经验"发展与自身的文化认同是同构共生、熔为一炉的。"从言语作品中释放出审美和文化的要素，是貌似混沌其实有序的。因为语言里有文化、历史、审美、评价，这些人文性的东西融合进去以后，必然导致中国的语言不能非常精确。但是语言里有有序的东西，即语言文本自身的规律。"[①] 显而易见，学生在语文学习中把握语言规律，获得语言经验的同时，于无声处受到融合进来的文化元素的熏陶和感染。另一方面，融进"个体语言经验"中的文化元素是促进学生的语文学习的原动力。随着学生的文化沉淀逐渐丰厚，个体对中华文化就会越发认同，对饱含文化的语文课程随之产生强烈的学习兴趣与欲求，所收获的语言经验也与日俱增，语言实践能力也日益增强。毋庸置疑，"个体语言经验"之中蕴含着一个人的文化自信，更预示着他未来对语文学习的态度以及家国情怀。

---

① 王宁.通向语文核心素养的学习任务群[J].七彩语文·中学语文论坛，2019（3）:7—13.

2. 思维能力："个体语言经验"的品质锤炼

应该说，思维从来就在语言之中，语言是思维的外壳，思维是语言的内核。因此，"语言是重要的交际工具和思维工具，语言发展的过程也是思维发展的过程"。在"个体语言经验"的形成与发展过程中，思维起着最为核心的作用。（如下图）学生在语言实践活动中，借助思维，从中发现语言知识和运用规则；在思维的继续作用下，静态的知识规则转化为动态的"个体语言经验"；在学生其后所从事的语言实践活动中，要凭借个体的思维来甄选、调整、调用与语用情境相匹配的语言经验，以致形成熟练的言语动作技能；语言运用情境不断转换，个体的语言经验结构不断丰富和深化，思维能力也水涨船高，"个体语言经验"最终练就为一个人的言语智慧。从言语心智运作的过程中，我们可以直观地发现，思维不断在建构、改造、拓展着学生的"个体语言经验"，最终将它推向稳定的、让人受益终身的言语智慧。"个体语言经验"的形成与发展过程，始终以语言实践活动为平台，来促进学生的语言和思维共生。

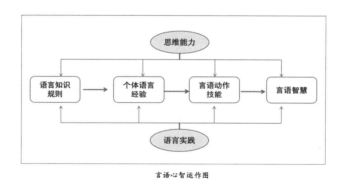

言语心智运作图

3. 审美创造："个体语言经验"的主体承载

所谓"审美"，"是指学生通过感受、理解、欣赏、评价语言文字及作品，获得较为丰富的审美经验，具有初步的感受美、发现美"的能力；所谓"创造"，就是"运用语言文字表现美、创造美的能力"。"审美"和"创造"同属于语言实践活动，前者侧重于"阅读与鉴赏"，后者则侧重于"表达与交流"。因此，它们是"个体语言经验"积累和生成的主要载体与渠道。对于"阅读与鉴赏"，叶圣陶先生曾有过深入浅出的论述："文艺中间讲到一些事物，我们就得问：作者为什么要讲到这些事物？文艺中间描写景物，表达情感，我们就得问：作者这样描写和表达是不是最为有效？我们不但说了个'好'就算，还要说得出好在哪里；不但说了个'不好'就算，还要说得出不好在哪里。这样，才够得上称为文艺鉴赏。"[①] 其间的每一"问"都意在让文本与学生个体之间发生关联，每一"问"都意在引领学生感受美、发现美，每一"问"都意在促进学生在与文本的对话中积累语言经验。如果每一篇课文教学都能聚焦文本的"语言现象"，上成有针对性的审美鉴赏课，学生的"个体语言经验"自然会水涨船高，语文课就会真正成为"个体语言经验"的积累课与生长课。"表达与交流"是运用言语文字"表现美"和"创造美"的实践平台。这个过程，不仅是"个体语言经验"的验证性"输出"，即看针对写作任务情境，前期蓄积的"个体语言经验"能否有效输出，有的放矢地解决问题，让表达畅通无阻；同时也是"个体语言经验"的优化性"调节"，即围绕任务情境，"个体语言经验"在教学引导下进行有机重组，或者将课堂上学习的表达支架进行消化，对自身的"个体语言经验"进行重构。无论是"输出"还是"调节"，都是为了更好地运用语言文字"表现美"和"创造美"，都是为了让学生的"个体语言经验"得到进一步成长与完善。

正如新课标所言："核心素养的四个方面是一个整体"，"个体语言经验"作为"语言运用"的作用显现，与其他三个方面水乳交融，互为因果，难以分割。因此，学生的"个体语言经验"就是核心素养的一个学科立足点，就是核心素养的一个教学承载点，就是核心素养的一个发展呈现点。一个人"个体语言经验"的发展带动着他核心素养的整体性提升。

---

① 叶圣陶.叶圣陶语文教学论集[M].北京：教育科学出版社，2015:190.

第二节 "个体语言经验"是小学写作教学的核心指向

"课程标准之所以强调'形成个体语言经验',就是希望学生的语言是符合语言具体运用情境的,是含有个体的个人理解与体验在内的。或许,每个使用语言的人都不同程度地拥有'个体语言经验',但语文课程所指的'个体语言经验'应当更自觉,更理性,更有意识。"① 不难看出,"个体语言经验"是一个人语言实践的产物,是一个人在语言实践中主观语感表现和客观语理把握的综合,是一个人运用语言文字进行朗读、会话、演讲、写作的外显技能和主动运用语言文字的意识习惯的内在品质的总和。可以这么说,"个体语言经验"是"带得走、搬得动"的语文内在素养,是语文课程学习可呈现的成果。因此,在学生的写作学习中,应当将"个体语言经验"的形成和发展作为写作能力和素养的具体担当,写作教学设计也应当朝着这个目标和方向前行。

一、写作任务与"个体语言经验"的逻辑关联

与静态的词法、句式和修辞法等语言规则相比较,动态的言语经验无疑是"以适应题旨情境为第一义"。"个体语言经验"是学生在语文课程学习和语言实践活动中形成的"动态言语经验",应当是离学生语用操作最近的知识状态。但

---

① 郑国民,李宇明主编. 义务教育语文课程标准(2022年版)解读[M].北京:高等教育出版社,2022:64.

它要在鲜活的情境写作中发挥作用，需要结合具体的语篇写作任务，积极进行调整、重组与匹配，使得"个体语言经验"和情境写作相适配。"个体语言经验"与语篇写作任务，有着复杂的交织与关联。

1. "表"与"里"

学生在具体的任务情境中写作，其实就是"个体语言经验"的综合运用，也是"个体语言经验"变构与优化以进行应对的过程。要实现情境写作，首先要将学生自身的"个体语言经验"与具体的语篇写作任务进行积极匹配。语篇写作任务的所有要求都体现在纸面上，这是一个显性存在，而学生的"个体语言经验"是内在的，呈现出"进行时"的状态，只要外在的写作任务出现了，学生内部的言语结构就会"暗流涌动"，千方百计地调动自身"个体语言经验"积累，有针对性地开展"目标"与"经验"之间的匹配活动。当"目标"与"经验"之间存在差异时，"经验"会自觉自愿地基于"目标"的需求，进行整合、重组和改造，原有"个体语言经验"就此得以拓展，就此得以提升。所以，"语言运用"是学生"个体语言经验"形成和发展的关键通道。

2. "静"与"动"

语篇写作任务是语文教科书的一部分，我们习惯上称之为"习作"，这是编者实现单元语文要素向能力转化的重要板块。往更深处说，习作其实就是一个鲜活的表达语境，它要求学生用自身的"个体语言经验"去竭尽全力地实现某个具体的表达目标。从确定性角度看，习作即语篇写作任务，它属于静态的"靶"，而学生的"个体语言经验"则是动态的、处于召唤状态的"箭"。不同的习作，所提供的语用情境各有不同，甚至可以说，在一篇习作中，所存在的语用情境也有多个，譬如五上习作6《我想对您说》提供的语境就有三个："告诉爸爸妈妈对某个问题的不同看法""跟朋友诉说自己成长中的点滴烦恼""向为社会作出贡献的人表达敬佩之情"……告诉异见，倾诉烦恼，表达敬佩，并且读者各有不同，所以，写作时，学生所调动的"个体语言经验"组块也各有差异。"对于写作来说，没有绝对正确的知识，只有相对合适的选择，判断合适与否的关键，就是语境。"① 针对静态的语用情境去动态搭建适合语篇要求的"个体语言经验"组块，这就是写作发生的心理机制，就是写作学习产生的教学真相。

3. "散"与"聚"

学生的"个体语言经验"在非写作状态下是零散的，处于缄默状态，当具体的语篇写作任务出现时，整个言语结构就会变得活跃起来：关于表达内容的，所有相关的生活经历、阅读积累就会被唤醒，向着内容中心聚集而来；关于表达技能的，所有相关的写作支架就会脱颖而出，向着策略中心逐步聚拢。写作其实就是"个体语言经验"从零散走向聚集，逐渐结构化的过程，写作训练越多，学生"个体语言经验"的结构化程度就越高，表达水平就越强。当然，学生的"个体语言经验"向着任务语篇的靶向聚集不是自然发生的，而是基于梳理与整合"个体语言经验"的前提。学生的"个体语言经验"是在听说读写的训练中不断积累的，在输入学生当下的言语结构时，需要与原有的相关语言经验进行整合，对已经形成的言语图式进行扩展和重组，生成语义网络，这是语言经验的第一次"个体化"；当遇到具体的语篇写作任务时，任务情境不断触动语义网络"节点"，引导网络进行适应性调动和组合，形成基于任务的语言经验新组块进行输出，这是语言经验的第二次"个体化"。语言经验在输入时，语言经验基于个体的言语结构由"散"到"聚"；语言经验在输出时，"个体语言经验"针对语篇写作任务再次由"散"到"聚"。这样的输入和输出，让一个学生的语言经验不断走向"个体化"，不断走向成熟。

4. "个"与"类"

学生的语言经验经历着由"个经验"向"类经验"扩展的过程。因为在日常的语文学习中，"个经验"不断输入，在不断的梳理和整合中，不断与自身言语结构兼容，而原本"寄居"在某个具体语境中的"个经验"逐渐脱离语境，

---

① 叶黎明.对写作及其教学的误解与匡正[J].语文教学通讯，2012（11）:10.

被整合成"类经验"。而一旦指向某个具体的写作任务,"类经验"就需要针对新的语用情境,向着"个经验"的方向转化。(见下图)对于具体的写作任务,需要的是有针对性的"个经验",这就决定了不同的写作任务所需要集成的"个经验"不同。对于语文课程而言,就是要帮助学生形成丰富的"类经验",以便适时调用。"类经验"越丰富,应对任务语篇写作的"个经验"的生成就会越迅速,在语言实践中就会越具体,语篇表达目标的实现就会越有针对性。任务目标越明晰,任务语境越翔实,任务对象越具体,"个经验"的生成和集聚就越发迅捷,越发精准,越发富有"语力"。

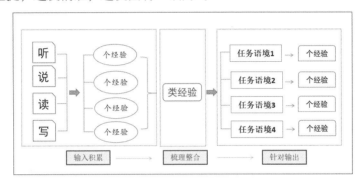

认清情境写作与"个体语言经验"的逻辑关联,就会清楚地发现写作任务是撬动学生"个体语言经验"变革的动力,也是促使学生新的"个体语言经验"形成的通道。准确把握这一关联,就会懂得语文教学特别是写作教学力发何处,怎样为每个学生的"个体语言经验"升级推波助澜。

二、"个体语言经验"在语篇写作中的生长节点

"当语文教学的主要内容从'读文章'向'做任务'转型时,作为任务完成或问题解决的重要方法、过程与工具的写作,将代替原先作为'学习结果'的文章写作,成为教学的主要形式。而在先前的写作教学中,列大纲、做笔记、画思维导图、做表格等很少会作为教学内容被正儿八经地指导或纳入写作能力

评价指标中。"①的确，原本是通过习作中的语言表现来评判学生"个体语言经验"的发展程度和品质，现在需要通过学生在写作学习的每个过程中的表现来考查他们的"个体语言经验"发展状况。应该这样认为，任务语篇写作既是学生"个体语言经验"施展的"阵地"，更是学生"个体语言经验"改善、整合、优化、升级的契机。因此，小学写作教学，应当将"做作文"作为重要的教学方式，将"做作文"贯穿于整个教学过程中，以此作为"个体语言经验"形成和生长的关键土壤。

1. 审题：区分语篇文体的经验

夏丏尊、叶圣陶曾在《国文百八课》中把"文章"分为"记叙文"和"论说文"两大类："记叙文"又分为"记事物的形状、光景"的"记述文"和"记事物的变化经过"的"叙述文"；"论说文"又分为"说明文"和"议论文"。因此，一直以来，"记述文""叙述文""说明文""议论文"是四种常见的基本文体。②这四种文体，在统编小学语文教材中较为常见，但在小学写作训练中极易混淆。清楚区分文体，也就正确把握了习作的语篇结构和话语方式。譬如在五上第五单元"初试身手"这个板块，就有这样的训练："试着将课文《白鹭》第2~5自然段改写成一段说明性文字，体会它们的不同。"课文《白鹭》和《鲸》都在"状物"，但对象范围不同，前者是作为"个"的物体，是特殊的、具体的，后者是作为"类"的物体，是普遍的、抽象的；写作旨趣不同，前者重在抒发情感，后者则是为了介绍事物的关系、界限。将散文改写成说明文的实践过程，就是提升学生文体经验的过程。再如即便是说明文，文体之内依然存在着区别：本单元的习作例文有《鲸》和《风向袋的制作》这两篇，教学时一定要让学生认识到为何是"这两篇"而不是"那两篇"。那是因为《鲸》旨在说明事物的类别和特点，而《风向袋的制作》旨在说明做事的过程和方法。这就

---

① 叶黎明.从操练到运用：重视素养时代写作功能的转换——《义务教育语文课程标准（2022年版）》解读[J].福建教育·小学版，2022（6）：22—25.

② 王荣生.从文体角度看中小学作文教学——从《国文百八课》说起[J].上海教育科研，2008（3）：61—62.

意味着"介绍一种事
物"（如右图）应当
有两种文体结构与之
对应：一种是指向类
别特点的，譬如"动
物的尾巴""扫地机
器人"等；一种是指
向过程和方法的，譬
如"怎样泡酸菜""溜

习 作

介绍一种事物

如果要选择一种你了解并感兴趣的事物介绍给别人，你打算介绍什么？
下面表格中的提示和题目是否对你有启发？

与动物有关	恐龙	袋鼠的自述	动物的尾巴
与植物有关	菊花	热带植物大观园	种子的旅行
与物品有关	灯	扫地机器人	溜溜球的玩法
与美食有关	涮羊肉	怎样泡酸菜	我的美食地图
其他感兴趣的内容	火星的秘密	草原旅游指南	中国传统吉祥物

溜球的玩法"等。鲜明的文体经验，是布局谋篇的起点，是选择话语方式的依
据，也是学生"个体语言经验"结构中的底色。

2. 立意：定位语篇功能的经验

长期以来，写作对学生而言，就是一项明确而不可推卸的任务。因为在执
行任务，所以很少有学生考虑：本次习作与我何干？本次习作的读者是谁？写
作是为了解决什么问题？因此，学生的"个体语言经验"结构中，定位语篇功
能的立意经验始终欠缺。核心素养取向下的小学写作教学，应该将"写作为什
么"的立意训练放在关键位置。以五上习作6《我想对您说》为例，教材开篇
这么说："生活中，我们会有很多心声想对别人倾诉：告诉爸爸妈妈对某个问
题的不同看法，跟朋友诉说自己成长中的点滴烦恼，向为社会作出贡献的人表
达敬佩之情。"就语篇功能角度看，本次写作的立意有三个：告诉异见，倾诉
烦恼，表达敬佩。但是如何选择本次写作的立意，就需要教师根据写作的真实
发生机理作出判别。向朋友倾诉成长的烦恼，可以当面或者电话陈述，向"你"
一吐为快，没有禁忌和顾虑，显然严肃严谨的书面表达不合适。向为社会作出
贡献的"您"表达敬佩，这是一种群体性的认知共识与情感倾向，个体写信的
方式于情理不合。剩下的就是向家长等表达异见，因为个体生活遭遇不同，所
以表达的看法不同，"说"的内容也不同；因为表达的对象是父母等长辈，当

面表达与直陈异见或建议会遭遇尴尬和窘境，所以借助书面表达再合适不过。所以，当一篇写作的立意有多个维度，表达对象有不同群体时，学生就需要精准选择最适合的立意，精准选择最紧迫的立意，精准选择最切身的立意。这样的选择，源自写作者丰富的语言经验积淀，源自写作者丰富的言语操作实践。

3. 构思：组织语篇材料的经验

不同立意对应着不同的语篇结构，但同一立意也可能有多种语篇结构与之相匹配。这就需要学生有丰富的组织材料的经验。譬如立意是表现"天气热"，可以写成"说明文"，运用"列数据"——列出具体气温、家庭用电量等来说明"热"；运用"作比较"——比较室内外的温度、去年与今年同一天的气温、大街上与超市里的人流，来说明"天气热"；运用"举例子"——写某个居民小区多个老人因为天热导致病症发作、某个家人尽管打赤膊但依然汗流浃背来说明"热"。也可以写成"记述文"，从学习、饮食、睡觉、娱乐等不同方面写出"天气热"；还可以用乘公交、做饭、上厕所、写作业等不同事例体现"天气热"。还可以写成"叙述文"，从植物的颜色和形状变化，从动物的活动，从人的动作、神情、话语等细节描写，去烘托"天气热"。在同一个立意之下，采用不同文体来训练学生用不同的思维方式搭建语篇结构，组织不同的材料填充对应的语篇结构，个体独特的言语思维便在此萌生，个体富有个性的构思经验也就此累积。

4. 构段：拼接关键语段的经验

"现在我们看来，学生写不具体，写不生动是什么原因？不是他们缺乏好词好句，而是他们缺乏将瞬间的东西拉开来的才能，他们缺乏把综合的东西分解开的才能。"[1]"拉开"和"分解"或许就是学生构段最基本也最关键的语言经验。无论是什么文体，"拉开"和"分解"都得有一个"核"，那就是段落要

---

[1] 王荣生主编.写作教学教什么[M].上海：华东师范大学出版社，2014:19.

呈现的观点和立场。沿着观点和立场进行构段，这是最基本的写作经验。譬如六上第五单元习作例文《小站》的第四自然段："月台中间有一个小小的喷水池，显然是经过精心设计的。喷水池中间堆起一座小小的假山，假山上栽着一棵尺把高的小树。喷泉从小树下面的石孔喷出来，水珠四射，把假山上的小宝塔洗得一尘不染。"短短的语段中，描述的每个事物前都有一个"小"——"小小喷水池""小小的假山""尺把高的小树""小宝塔"。显而易见，"小"就是这个语段的内核。那么，每个事物又是如何连接在一起的呢？那还需要一条"线"贯穿其中。在这段文字中，"喷泉"就是这条线，它将喷水池、假山、小树、宝塔自然和谐地编织在一起，使得全段"开"而有序，"分"而不散。当然，"语线"在有的语段中是可视的，但在有的语段里则是潜在的。紧扣"语核"，沿着"语线"，让记述、叙述、说明、说理的语段中"拉开"和"分解"的语句，聚有鲜明的观点，散有明朗的秩序，这是语段写作中每个学生都需要掌握的重要"语钥"和关键"语识"，这是"个体语言经验"中的基本常识和运用常态。

5. 修改：修正言语缺陷的经验

习作体现着学生当下的"个体语言经验"发展水平，而修改自己的习作，是让"个体语言经验"突围和改进的最直接路径。可是如何修改自己的习作，这本身就是一种"个体语言经验"。因此，在写作教学的评改环节，指导学生"如何修改"比"进行修改"更为重要。第一步是"读改"。轻声读自己的习作，发现明显的缺漏和重复，随即增删；大声读自己的习作，发觉语病和阻塞，现场调换和疏通。这个环节重在遣词造句的顺畅。第二步是"学改"。研读伙伴优秀的习作，发现自己在围绕同一中心的材料选择方面、在对同一事物或同一状态的描述方面、在段落连接方面的明显不足，参照对方习作的表达尝试进行修改，努力靠近对方的表达水平。这个环节的关键就是找到"个体语言经验"明显超过自身的伙伴习作。第三步是"听改"。将自己的习作读给别人听，边读边留意听众的反应：哪些地方别人要侧耳倾听，哪些地方别人有些茫然发愣，哪些地方别人忍不住小声嘀咕，哪些地方别人在不住摇头，这些地方就是需要深度修改的地方。这个环节的关键就是教师提供"补丁式"语言支架，引领学生的语言经验深度拓展。在"读改""学改""听改"的有序推进、循环往复的操作中，学生的"个体语言经验"就会走出"原地打转"的境况，逐步超越先前的水平。

应该说，写作教学的每个环节，都是学生"个体语言经验"的培育点和操作点；每次习作训练全过程，都是学生"个体语言经验"的突围点和攀升点。将语言实践活动贯穿写作教学的全程，让"个体语言经验"形成、发展和落脚在写作教学的始终，这是当前小学写作教学改革的重要方略。

三、指向"个体语言经验"发展的写作教学设计

"个体语言经验"得到提升，是学生核心素养发展的语文学科担当，更是核心素养在语文学科中落地的表征。因此，核心素养取向下的小学写作教学，应当将学生的"个体语言经验"发展作为教学设计的目标指向，并体现在具体的实践活动中。

1. 有针对语篇任务的教学内容

学生的"个体语言经验"不是悬浮在要素目标中，而是沉浸在具体的教学内容中。在写作教学设计中，必须呈现对应单元表达要素的具体语言经验生成与落地的过程。因此，在针对语篇任务的写作教学设计中，必须开发出新鲜的写作策略作为教学内容。一方面，它源自单元表达要素，因为单元表达要素是教科书能力体系建构中的某项知识或能力训练点。譬如六上习作3《＿＿让生活更美好》，单元表达要素是"写生活体验，试着表达自己的看法"。写生活体验就是写自己的某次亲身经历，在经历中具体表达自己的看法。在经历中如何表达看法，则是本次习作着力训练的技能。另一方面，它针对具体的语篇任务。六上习作3《＿＿让生活更美好》中提出："是什么让你的生活更美好？它是怎样影响你的生活的？可以通过写哪件事来体现这样的影响？"联系单元表达要素，结合具体的习作内容，本篇习作的教学内容就可以定位为：学习将

生活体验中的"美好"写具体的策略，或者说学习如何在生活体验中表达"美好"感受。有了这样具体的教学内容，学生的语言实践活动就有了精准的落脚点，"个体语言经验"的提升就有了具体的生发点。

2. 有针对真实学情的写作支架

"个体语言经验"是学生个体运用语言的实践经验，它在具体的语言实践活动中获得，又在具体的语言实践活动中运用。那么，其获得和运用的过程是借助什么实现的呢？"写作支架"就是中介物。它通过语言实践活动，将有形的言语操作转化为无形的经验输入；在具体语言运用情境中，语言经验又逆转为"写作支架"输出在学生的言语表达中。因此，"写作支架"是学生"个体语言经验"输入和输出的中枢机制，是写作教学设计中最富技术含量的生成和转换环节。以六上习作3《____让生活更美好》教学为例，在例文的支持下，师生共同搭建表达"美好"感受的"写作支架"（见下图）：将"体验前"与"体验后"对比，每一重对比所形成的反差，就是"美好"；借助生活体验中的感官联想，每种感官所产生的联想，就是"美好"。这样的"写作支架"就是学生言语运用的路径，就是学生语句拼接的图纸。这样的"写作支架"针对学生难以具体表达"美好"感受的真实学情，针对

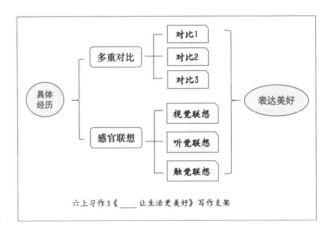

六上习作3《____让生活更美好》写作支架

学生言语结构中已有经验图式的盲区，进行有机的空白填补、缺陷改进，因而非常容易被接纳和消融，形成新的言语经验图式。当新的语篇写作中出现相似的表达任务，譬如在生活体验中具体表达"不满""委屈""敬佩"等感受时，已经生成的"个体语言经验"就会条件反射般转化成对应的"写作支架"，支

持新的表达任务实现。

3. 有立足解决问题的实践活动

每一次写作训练，都应当面对明确的问题，这样写作过程就是问题探究的过程，也是"个体语言经验"的建构过程。但如何将一个具体的语篇写作任务转为一次问题求解的过程，这就需要一以贯之的任务情境来搭建，就需要整体而连贯的任务活动来支持。继续以六上习作3《＿＿＿让生活更美好》为例，来探讨基于问题的写作任务活动架构。

任务情境导入：

校刊《星星》将举行"我的美好生活"征文活动，获奖习作将在颁奖典礼上进行展示，希望大家踊跃参加。

◎任务活动一：我的"美好"在哪里？

（1）相似唤醒：

现在的生活日益美好，不过每个人感受到的"美好"不一样:A.我的女儿的"美好"是"我想到的是音乐。听听音乐，唱唱歌，会让我放松、开心！"这是艺术让她的生活更美好。想想看，曾经有哪一种艺术形式，让你感受到生活的美好？ B.我的妻子的"美好"是"科技发展给我们的生活带来了极大便利。无论去哪儿都有高铁……买菜时，扫一扫二维码就能支付"。这是科技给她的生活带来了美好。想想看，是否有一种高科技，也给你的生活带来了美好？ C.我的"美好"在这里："把种子种下去，等它们发芽，看它们慢慢长大，很有成就感。"这是劳动让我的生活更美好。想想看，是否有一种劳动，让你感受到生活的美好？

（2）个体体悟：

在自己的生活体验中，寻找"美好"。

◎任务活动二：我的"美好"如何感受？

（1）出示例文：

语段①：暑假里，我和家人一起乘坐高铁去北京旅游。高铁行驶起来像风一样快，听说最快可达每小时 400 千米，是普通火车速度的 4 倍。高铁上的座椅不再硬实，变得十分舒适，不仅柔软还可以随意调整角度。前排还有一个可以自由折叠的小方桌，读书、上网方便极了。自带的空调也非常凉爽，即使是最热的夏天，车里的人也不会觉得闷热。想起小时候乘坐的绿皮火车，车顶那摇头风扇，根本不管用，热得人满头大汗；经过一天一夜的颠簸，才到达北京。更令人称赞的是，现如今，打开手机，只要动动手指，就能在线购票，再也不用担心节假日"一票难求"了。（节选自习作《高铁让生活更美好》）

语段②：望向窗外，起伏的山峦、开阔的田野、葱郁的森林、湍急的河流、蜿蜒的道路依次登场，一闪而过，千里江山成了一轴连绵不断的画卷，不断向远方铺展。触摸着富有弹性的座椅，全身的瞌睡虫排山倒海地涌上来，将我深深淹没。伴随着车厢里播放的舒缓柔美的音乐，全身的每个细胞仿佛成了童话王国的精灵，都在自由舞蹈。（节选自习作《高铁让生活更美好》）

（2）展开讨论：

A.乘坐高铁的"美好"可以从哪里感受到？B.乘坐高铁的种种"美好"又是怎么展现出来的？C.语段①与语段②展现"美好"的方式有没有什么不同？

（3）师生共同搭建写作支架。

◎**任务活动三：我的"美好"怎样表达？**

（1）借助写作支架精选习作素材。（2）结合素材和写作支架，完成思维导图。（3）借助思维导图开始语段写作。

◎**任务活动四：我的"美好"是否表达？**

（1）学生自读自己的语段作品。（2）对照评价量表进行修改。（3）借助评价量表，集体互动评点。

评价内容			星级	自评	互评
写出独特经历			★		
写出美好感受	多重对比	对比 1	★		
		对比 2	★		
		对比 3	★		
	感官联想	视觉联想	★		
		听觉联想	★		
		触觉联想	★		

"写作教学要教学生'通过写作'去体验、去分析、去思考、去表达、去交流、去学习、去做事——当他们学会以这种'准写作状态'生活、学习、做事时，写作教学的任务才算完成。"[①] 一系列富有语境的写作活动，就是"通过写作"让学生在"做中学"，通过自身的语言实践活动积极融入写作学习中，主动参与到"个体语言经验"的自主建构中。不同的学生因为个体生活体验不同，他们在"写作支架"框架下的言语表现各有区别，有的采用"多重对比"，有的采用"感官联想"，而有的是"多重对比"和"感官联想"相融合，因此表达"美好"所形成的语言经验各美其美。只有师生共同建构，只有学生身体力行，只有沿着问题探究，所形成的语言经验才能属于学生个体，才能用得出、搬得动。

从教学内容到写作支架，再到实践活动，"个体语言经验"完成了从外向内的转化过程。这个过程，既体现了"个体语言经验"作为知识技能的一面，又反映出"个体语言经验"作为能力素养的另一面。因此，可以这样理解：学生当下的"个体语言经验"水平是当前写作教学设计可能抵达的终点，也是下一次写作教学设计即将展开的原点。

---

① 王荣生主编.写作教学教什么[M].上海：华东师范大学出版社，2014:54.

第三节 "个体语言经验"在语言实践中形成发展

　　"义务教育语文课程培养的核心素养，是学生在积极的语文实践活动中积累、建构并在真实的语言运用情境中表现出来的，是文化自信和语言运用、思维能力、审美创造的综合体现。"语文课程培养的核心素养落脚点是什么？"文化自信和语言运用、思维能力、审美创造的综合体现"又是什么呢？"在语文课程中，学生的思维能力、审美创造、文化自信都以语言运用为基础，并在学生个体语言经验发展的过程中得以实现。"将新课标关于"核心素养"的表述前后贯通起来看，语文课程培养的核心素养应当是学生的"个体语言经验"。作为语文教师，我们不仅要知道学生的"个体语言经验"是什么，更重要的是得懂得"个体语言经验"在语文课程的实施中是如何形成和发展的，这是现实且关键的问题。

　　"知识理解的资源观强调，知识具有潜在性的发展、促进等教育价值。这种价值实现并非是现成性的，而是有待个人开发、运用与创造。这一资源观意味着知识并非作为实体性、结果性以及独立存在于个体之外的符号、概念，而是作为个人积极参与、主动介入的资源性、条件性存在。"[1] 这就意味着具有知识特质的语言经验，不是仅仅依靠教师的"教"获得的，而是在具体语言实践活动中，引导学生身临其境地"积极参与""主动介入"建构而成的，因而语

---

　　① 张良. 核心素养的生成：以知识观重建为路径 [J]. 教育研究，2019（9）：65—70.

言经验饱含个体属性，被称为"个体语言经验"。探究"个体语言经验"的形成与发展，就是在探究语言实践活动中知识与个人是如何共生、如何深度融合、如何相互成长的。

一、"个体语言经验"：在积极的语言实践中积累

语文学习过程，就是学生积累语言经验的过程。一个人语言经验的丰富程度，决定着他"建构"和"运用"语言的水平与质量。因此，在小学阶段"语文课的一个重要任务是丰富学生的语言经验，即扩大学生语言材料的积累，丰富学生语言运用的经验，引导学生进行语感的积累"①。当然，如果放置在教学层面看，从语言材料走向语言经验至少要经历三个阶段。

1. 即时性获得

学生获得语言材料主要有两条途径：一条是自主"习得"，指在母语环境下，通过大量的、自由的、随机的阅读和写作活动，不知不觉中获得丰富的书面语言材料；另一条是"学得"，即通过语文教材有计划地学习字、句、段等各种语言材料，这是掌握语言规则，获得有关语言的知识与能力的基础。暂且不去探讨它的是与非，但它透显出"习得"与"学得"的明显缺陷：从"习得"看，自由和随机的阅读和写作活动，是学生语言材料积累的常态路径，是无意识的，因此，这些语言材料是散乱的、零碎的，一直处于无序的惰性状态；而"学得"是借助一篇篇课文来实现的，在语文课堂上，学生从课文中积累的语言材料是基于文本语境的，一旦离开文本，这些动态的语言材料便无处固着，顿时失去活力，成了静态的语识。因此，对于学生而言，日常积累的即时性语言材料尽管丰富，但局限性非常明显，自然转化为语言经验的可能性较小。语文学习光靠积累语言材料，还是非常被动的，它最多可以让学生成功地"占有"经验，但是无法使学生走向更高的经验"分享"的阶段。

---

① 吴忠豪. 积累语言经验是学习语文的基础 [J]. 基础教育课程，2019（7下）：33—38.

2. 阶段性梳理

学生"习得"和"学得"语言材料，这只是"量"层面的累积，就像一个人要穿得有"衣品"，必须得有一定数量的衣服来进行日常穿搭一样。当衣服积累到一定数量时，如果不进行"梳理"，就会难以找到，容易遗忘。"语言运用是指学生在丰富的语言实践中，通过主动的积累、梳理和整合……逐步掌握祖国语言文字特点及其运用规律，形成个体语言经验……"因此，"积累"之后必然就是"梳理"。经过一个学期的语文课程学习后，可以有针对性地引领学生对积累的语言材料进行分门别类。譬如一年级下学期，可以选择"动物"主题展开"梳理"活动：实践活动一，写一写本学期认识的动物名称；实践活动二，写一写本学期学到的描写动物样子的词语；实践活动三，写一写展示动物活动的词语。这一系列有主题的"梳理"活动，可以帮助学生将一个阶段内所学的词语进行有秩序的罗列：活动一着眼于名词，活动二侧重于形容词，活动三指向的是动词。这样的"梳理"是"由乱向整，是找联系，成体系，是把外在的、外入的知识吸纳、归整到自身已有的'知识体系'中，是回忆、辨析、整理的过程"[①]。显而易见，"梳理"是形成语言经验的关键环节，借助"梳理"能将富有语言现象的语言材料在主题下聚合起来，并有秩序地进行排列；通过"梳理"也能果断放弃难以规整、在语言实践中不常运用的零碎语言材料。

3. 语用性整合

"梳理"是将学生自身积累的语言材料有主题地归置在一起，这好比将自己在一个阶段内购置的衣服有条理地摆放到相应的位置上，这是建立"类"的基础阶段。还需要根据出席场合进行色彩、种类、款式的适宜搭配，这就是"整合"。这是在"类"与"类"之间形成关联，在"类"与"类"的关联中形成经验结构，这是语言材料转化为语言经验的实质性阶段。将学生的语言材料"整合"成语言经验，需要借助鲜活的语用实践来实现。继续以一年级下册的

---

① 黄华伟. 梳理与探究"这一篇"[J]. 中学语文教学，2019（12）：32—38.

梳理"动物"主题的词语为例，来进行语用"整合"——"你一定有特别喜欢的动物朋友，请你为它写几句话，将它介绍给大家吧，让更多的小伙伴了解它、喜欢它。"这一过程，就是将学生积累的语言材料从量变引向质变，形成学生使用语言材料的经验，也就是所谓的动态语言经验的过程。

学生的语言经验形成，是以丰富的语言材料为基石的，是以语言实践为手段的，语言材料的累积越发面广量大，语言材料的梳理越发条分缕析，语言材料走向语用实践的整合越发综合灵动，从静态语识走向动态经验的可能性就越大。

二、"个体语言经验"：在自主的语言实践中建构

"建构"在新课标中表述为"语言建构"，"'语言建构'是一个缩略短语，要使其含义明确，需要加上主语成分，变成'学生通过语文学习建构自己的语言素养'或'教师通过教学促进学生建构一定的语言素养'"[①]。诚如斯言，"语言建构"的本质是"建构语言素养"，即学生的"个体语言经验"，而建构的主体就是学生本身。"知识理解的资源观强调，知识具有潜在性的发展、促进等教育价值。这种价值实现并非是现成性的，而是有待个人开发、运用与创造"[②]，语言建构，就是学生个体通过语言实践活动，达成语言经验的"开发、运用和创造"。在语文学习中，阅读学习是学生语言经验建构的重要路径。下面结合具体文例来探讨"用动作表现内心"这个语言经验的建构过程。

1. 聚集经验用例

学生阅读课文，一个重要的任务就是跟着课文学习书面语言的表达，优质而经典的课文总能给学生传授丰富的经验。语文教师应当善于捕捉具有语言现象的语段与语篇，将它们作为学生建构经验的语言材料收集起来。当发现在不同的文本中同样的语言现象反复出现时，就说明国家通用语言文字运用规律隐藏其间。譬如通过主人公的动作来写"期盼"的心情，六年级上册课文《盼》中有多处这

① 郑桂华. 关于"语言建构与运用"理解的两个问题 [J]. 语文学习，2019（11）：4—8.

② 张良. 核心素养的生成：以知识观重建为路径 [J]. 教育研究，2019（9）：65—70.

样的用例：（1）"我一边想，一边在屋里走来走去，戴上雨帽，抖抖袖子，把雨衣弄得窸窸窣窣响……"（2）"天一下子变了颜色，路上行人都加快了走路的速度，我却放慢了脚步……"（3）"我又伸手试了试周围，手心里也落上了两三个雨点。我兴奋地仰起头，甩打着书包就大步跑进了楼门。"（4）"雨还在不停地下着，嗒嗒嗒地打着玻璃窗……我跑到窗前，不住地朝街上张望着。"在将课文中具有相同语言现象的同质化语段聚集起来的过程中，教师的作用是"举一"，以此引导学生在同一语篇或不同语篇中进行"反三"罗列。学生罗列的过程就是在一"类"用例中对一"个"语言现象的内部结构进行印证、探查、丰富的过程。当然，同质的经验用例汇聚得越多，所形成的语言经验就越具普遍性、适用性和规律性。

2. 提炼共性要素

"建构主义认为，人类关于外部世界的经验或图景，并不是真实的客观世界的全部反映，而是基于认知主体内部既有的认知结构，并用有意无意创造出的一套符号系统自己建构出来的。"[①]将课文中的同质化语段归置在一起，就是要基于学生"内部既有的认知结构"，去抽象出用例之间的共同要素，从而建构出"一套符号系统"的语言经验。在"用动作表现内心"的一组用例中，我们发现能够表现人物内心情感的动作具有两个明显特征。一是反复性，就是同样的动作反反复复不停做。用例1中，盼望下雨的小女孩穿着雨衣"在屋里走来走去"；用例4中，看到外面下雨，小女孩"不住地朝街上张望着"。反复的动作，就是内心强烈期盼的外显。二是反常性，即这些动作与周围人的截然不同。用例1中，小女孩在炎热的夏天一个人在家里"戴上雨帽，抖抖袖子，把雨衣弄得窸窸窣窣响"；用例2中，碰到下雨"路上行人都加快了走路的速度"而小女孩却"放慢了脚步"；用例3中，小女孩看到下雨后"兴奋地仰起头，甩打着书包"。这样的特立独行，可以将主人公强烈的内心期待一览无余地呈现出来。经过这样的要素提炼，用动作表现"期待"心情的要素轮廓逐渐

---

① 郑桂华. 关于"语言建构与运用"理解的两个问题 [J]. 语文学习，2019（11）:4—8.

清晰起来，"内心期待＝动作反复＋动作反常"的语言组合方式就会浮出水面。在此过程中，学生应当是用例的赏析与比较者，还是共性的发现和提炼者。提炼时，"阅读与鉴赏"和"梳理与探究"实践活动运行其间。

3. 纳入经验图式

学生在阅读学习中收获到的经验，只有与他们已有的言语图式形成关联，并能形成新的言语图式，阅读学习才算真正发生。"图式"指的是"个体的知识与认知结构，它对输入的新信息进行选择、组织，并将其整合到一个有意义的框架中，以促进对信息的理解"①。如何将从阅读用例中提炼的共性要素整合到学生已有的经验"框架"中？这就需要借助新的语言实践活动，来帮助学生将"新信息"代入具体的阅读探究中，在解决类似问题的过程中实现图式的扩容和重组。例如，在六年级下册课文《腊八粥》中，探究课文情节中是否有"内心期待＝动作反复＋动作反常"的规律在运行。（"住方家大院的八儿，今天喜得快要发疯了。他一个人进进出出灶房，看到一大锅粥正在叹气⋯⋯"）例如，在该册课文《那个星期天》中，在对主人公的内心期待描写中探寻"动作反复＋动作反常"的句式。（"我就这样念念叨叨地追在母亲的腿底下，看她做完一件事又去做一件事。我还没有她的腿高，那两条不停顿的腿至今都在我眼前晃动，它们不停下来，它们好几次绊在我身上，我好几次差点儿绞在它们中间把它们碰倒。"）"学习知识也是为了把知识应用于社会实践，发挥知识对实践的指导作用。"②学习知识的过程就是"发挥知识对实践的指导作用"的过程，也是将新知识有机纳入学生经验图式的过程，还是学生"个体语言经验"系统调整和完善的过程。

"语言建构和言语运用的过程，便体现了语言建构与运用的内在逻辑——积累言语材料、发现语言规律和创生言语行为。"③学生建构语言经验就是在运

① 林崇德.我的心理学观——聚焦思维结构的智力理论 [M].北京：商务印书馆，2008:159.

② 韩雪屏.语文课程知识初论 [M] 南京：江苏教育出版社，2011:16.

③ 唐成军，王梓睿.核心素养视域下的语言建构与运用 [J].教育与教学研究，2018（12）:85—91.

行着这样的逻辑：聚集经验用例，这是在"积累言语材料"；提炼共性要素，这是在"发现语言规律"；纳入经验图式，这是在"创生言语行为"。也许可以这么理解：学生建构语言经验的过程，其实就是引导他们将静态的"语言"知识转化为动态的"言语"经验的过程。

三、"个体语言经验"：在真实的学习情境中运用

"运用语言文字的技巧一半根据对于语言文字的认识，一半也要靠虚心模仿前人的范作。"[①]"模仿前人的范作"就是在运用语言，就是在对从前人范作的阅读中积累和建构语言经验。被动地运用，增加的是身体与精神的负担；主动运用，引发的是学生语言经验增值与叠加。要让学生主动运用语言经验，就需要创设适宜的学习情境，"让学生一进入语文的学习情境，就感到有一种'忍不住'去发现、探究的冲动，并在语言的理解、迁移和应用中，获得创造性的思维发展、独特的审美体验，以及文化的熏陶"[②]。这里的"学习情境"就是真实的任务情境，它是学生语言经验获得强化的环境氛围，是学生语言经验打上个性化烙印的通道。

1. 相同的情境：横向延展

这是学生对已经建构的语言经验进行可靠性"试水"。语言经验从课文的文学情境中来，不妨让学生的语言经验在熟悉的文学情境中进行横向的顺势延展，如此既能加深学生对课文的理解，又展现出新晋语言经验的"语力"。比如在六年级下册课文《真理诞生于一百个问号之后》中学到了"用事例说明观点"的经验，即"偶遇现象—连串发问—实验探索—发现发明"，就可以思考：课文中列举的都是国外事例，那么"真理诞生于一百个问号之后"的观点在中国是否也正确呢？当当教材小编者，搜集资料，为课文写作一个中国科学家的事例，并想想应该将其插到哪个自然段之后。这个写作学习情境基于课文的文

---

① 朱光潜. 谈文学 [M]. 合肥：安徽教育出版社，1996:36.
② 赵晓霞，王光宗. 学习情境：撬动语文学习任务群的支点 [J]. 中学语文教学，2021（7）:4—8.

学情境而生，不仅能引导学生亲身验证"用事例说明观点"的经验，更增强了其作为中国人的文化自信。从教材文本出发，从典型而优质的语言材料中开发语言经验，并进行相同情境下的横向语言实践，这是学生语言经验运用的最常态化方式。这与传统的读写结合教学经验有相同之处，即语言运用不跳脱出文本语境；但也有所区别，那就是学习者以解决问题的姿态进入语言运用，并以具体的角色身份积极参与到语言实践活动中。

2. 相似的情境：纵向迁移

学生通过教材文本的优质语言材料建构了语言经验，还需要将它放置在与文学情境相似的生活情境中进行不断锤炼，让它始终保持着运用与运行的状态，以确保在关键时刻能够"搬得动""用得灵"。譬如在六下课文《那个星期天》中有这样一段话："这段时光不好挨。我踏着一块块方砖跳，跳房子，等母亲回来。我看着天看着云彩走，等母亲回来，焦急又兴奋。我蹲在院子的地上，用树枝拨弄着一个蚁穴，爬着去找更多的蚁穴。院子里就我一个孩子，没人跟我玩。我坐在草丛里翻看一本画报，那是一本看了多少回的电影画报。"这段语言材料中建构了"用持续变化的活动表现心情"的语言经验，就可以将这个经验迁移到具体的生活情境中来：（1）星期天一个人在家，请"用持续变化的活动"将"无聊"描绘出来；（2）去火车站接爸爸，可是他一直没有出现在出站口，请用"持续变化的活动"将"焦躁"叙写下来；（3）你的作文发表了，你拿着刊物等待着妈妈下班，请用"持续变化的活动"将"激动和兴奋"展现出来。如此种种的语言经验运用，将教材中的文学情境向着学生的与之相似的生活情境进行纵向迁移，一方面验证了经验的实用性与普适性；另一方面，引导学生将此语言经验与自身语言表达需要紧密结合，为经验铺展出更多的适用空间。

3. 相关的情境：同构融合

延展和迁移都是学生运用语言经验的基础阶段，其本质都是查验语言经验的价值与效能，并促进自身语言表达技能的提升。在这个阶段，所创设的学习情境还是低阶的，与"真实而富有意义的情境"还有一定的差距。"所谓语文'真实而富有意义的情境'，即引发学习者'思维'和'言语'（语言运用素养）变化，从而获得意义建构的契机或条件。"① 这才是高阶的学习情境。在此水平上的学习情境，与学生已有的语言经验曾经所在的情境只是相关，此时语言经验是无法被调取即用的，还需要其他多个相关经验进行同构与融合，才能完成学习任务，才能实现"意义建构"。譬如：李大爷即将搬往外地的儿子家养老了，无法再喂养小猫"汤圆"了，他想找一位爱猫人士收养"汤圆"，请代他写一则收养公告。这样的学习情境，有目的，有角色，有读者，有语体，显得"真实而富有意义"。更关键的是，要写好"收养公告"，需要多方面的语言经验同构：一是写清小猫样子的描述经验，二是对小猫的日常喂养做具体介绍的说明经验，三是能打动读者收养的交际经验。这三重经验不是简单叠加，而是彼此交融，构成一个不可分割的、崭新的经验组块系统。在这个阶段，语言经验运用呈现以下特点：一是依据学习情境需要调用相应的语言经验；二是在学习情境框架下调用的语言经验需要深度融通；三是调用的语言经验在融通的过程中会生成新的经验，比如"写作收养公告"的经验。

"语文课程作为一门实践性课程，应着力在语文实践中培养学生的语言文字运用能力。"② 学生在语言实践中积累和建构语言经验，在语言实践中运用语言经验，并在学习情境的作用下，推动语言经验融合和提升。一句话，只有在解决问题的"做事"情境中，才能够将语言经验在阅读写作任务中的外在取向转化为建构意义的内在旨归。

四、"个体语言经验"：在日常的表达训练中内化

"知识源自个体创造，知识与个人之间并非是对立而是共生的关系。这意味着，唯有与个人信念、经验深度融合，知识才有可能具备迁移、行动的力量，

---

① 赵晓霞.语文"真实而富有意义的学习情境"：何谓与何为[J].课程·教材·教法，2023（10）:82—89.
② 中华人民共和国教育部.普通高中语文课程标准（2017年版2020年修订）[M].北京：人民教育出版社，2020（5）:3.

成为素养生成的知识基础。"① 具有知识特征的语言经验只有与学生的"个人信念、经验深度融合",才能真正成为一个人肌肉里、精神中的语言力量,才能基于知识的共性走向经验的个性,即生成与发展"个体语言经验"。语言经验要抵达"个人信念",与一个人的"经验深度融合",唯一可走的路就是在日常交往情境中进行训练,以"熟"生"巧",最终形成个人言语智慧。

1. 匹配个性的经验调用

在阅读学习中建构、在写作学习中运用的语言经验,尽管已经在学生的语言经验系统中固着,但如果在日常生活中不经常被使用,不与学生的个体需要、个性特质相融合,就难以转化成体现素养的"个体语言经验"。因此,我们在引导学生进行日常的表达训练时,一定要着眼于学生现有的语言经验状况。譬如"推荐一本书",有三个步骤。第一步,尝试表达。不做任何提示和指导,让学生进行"预说"和"预写",以此盘活学生现有的语言经验库存。第二步,筛选视角。与表达目标相关的经验可能有很多,这就需要引导学生结合自己的阅读体验和个性喜好——有想从书中人物着眼的,有想从书中情节入手的,有想从书中的语言描写展开的——筛选出与任务情境最匹配的语言经验。第三步,适配情境。本次训练旨在"推荐",旨在打动读者。如果从书中人物着眼,推荐该如何打动读者?如果从书中情节入手,推荐又该如何打动读者?关于推荐的经验,还需要进行再调用、再匹配。这样的日常训练,有一个从扶到放的过程:反复调用学生的语言经验,反复引导学生甄选调用语言经验,反复引导学生发现与任务情境相匹配的语言经验,直至学生的言语结构内部形成自动调用语言经验的机制。

2. 针对任务的经验重组

在日常的表达训练中,应对一个任务话题,常常会牵动学生当下整个语言经验系统,因为"拿来就用、拿来好用、拿来管用"的直取式语言经验太少了。

---

① 张良. 核心素养的生成:以知识观重建为路径[J]. 教育研究,2019(9):65—70.

可以这么说，为一个任务话题"天造地设"的语言经验不是很多，更多的情况是针对任务话题去"量身定做"，即学生围绕任务话题调动相关的语言经验去重新组合，试制出复合型的语言经验组块，从而实现表达目标。譬如"介绍一个有特点的人"，需要选材经验——如何发现有特点的人；需要组料经验——怎样的素材才能让人物特点鲜明；需要叙事经验——如何用典型事例表现人物特点；需要描写经验——如何用细节表现人物特点；需要环境经验——如何烘托人物特点。围绕"人物特点"，需要借助语言材料将这些经验在语篇内进行重组，生成崭新的语言经验组块。在此过程中，不同学生因为自身语言材料积累有别和语言经验结构不同，所重组的经验组块也洋溢着个性色彩。

3. 突破困境的经验创生

在任务语境中，面对表达话题，有时可以直接调用现有的语言经验，有时可以重组语言经验，有时却发现自身的语言经验系统中还存在着经验缺口，这就需要创生新的经验来弥补，这是学生优化和变构自身语言经验结构的契机，也是学生"个体语言经验"发展的良机。创生语言经验的环节大概有三个：首先确定需要突破的困境点在哪儿，看是否有相似经验可以借鉴，是否有相关经验可以启发；其次引导学生从教材或名家名作中搜索与任务话题一致的语言材料，提炼经验支架，获得突破难点的抓手；最后将经验支架用于任务话题中，在表达实践中将新的语言经验纳入自身经验系统中，与已有的相关语言经验形成结构性关联。创生带来的是学生语言经验系统的扩展和变构，使得它有了更为强大的应急与应对能力，也使得学生的"个体语言经验"更新换代。

从语言经验到"个体语言经验"，是一个人的经验系统从无到有、从形成到发展、从发展到相对成熟的过程。这个过程是语言经验与学生个体、与情境互相交互后的行为结果，是外在的语言知识走向内在语言素养的过程。

第三章

"个体语言经验"：写作教学的新路径

学生在进入语文课程学习之前就拥有"个体语言经验"，这是在母语环境熏陶之下的自然习得。这与语文新课标中所言的"个体语言经验"是有区别的，后者是让学生有意识、有针对性地必然获得。在小学阶段，随着学生的年段逐步升高，学生的"个体语言经验"无论在数量还是质量上都在不断丰富和拓展，语言经验的个体性也在悄无声息地滋养和孕育。因此，"个体语言经验"始终是一个开放结构。它在不断累积，随着有组织的课程学习，学生通过识字写字、课内外阅读、口语交际、习作等学习活动逐步蓄积语言经验；它在渐进沉淀，面对丰富多彩的交际语境和交际对象，学生始终处于"全天候"和"跨学科"的历练状态，优质的言语结构在不断叠加和扩展；它在实时更新，面对着崭新的阅读和表达任务挑战，随着新鲜语境和对象来袭，学生已经形成的语言经验结构不断被打破平衡，走向重构，意味着新的语言经验已经萌芽生长，破土而出。总之，学生的"个体语言经验"永远走在路上，只是"暂时状态"，没有"完型结构"。

第一节 从"语境"到"情境"："个体语言经验"的发展历程

　　语文学习长期以来一直处在"识记"层面，反复强调"积累"。许多语文教师，只要学生开始阅读，就要求"不动笔墨不读书"，让学生努力摘录所谓的"好词佳句"，并将"摘录"创造出配插图、做手抄报、展示评比等若干花样。可是一遇具体的写话、写作任务，学生的语句依然干瘪而单调，拼接的痕迹显得明显而生硬。令广大语文教师不解的是，明明学生从课内和课外阅读中积累了若干的字、词、句、段，明明都会写、都会读，甚至都能背诵，能"记得住"，为何在表达交流中"用不出"？这就需要我们从学生"个体语言经验"的形成机制去探查缘由，从学生"个体语言经验"的发展历程中去检讨当前语文教学的利弊与得失。

一、教材文本："活"的语言经验存在

　　编入教材的课文，是语文课程最基本的构成内容。从作者角度看，他总是将自己的经历、情感与思想借助自身的"个体语言经验"用文字作品呈现出来。从编者角度看，利用自身的"个体语言经验"赋予某个文字作品以课文的功能，"它可能是让学生熏陶濡染其中的文化内涵，也可能是用来作为教学阅读写作方法、策略的例文"[①]。对于读者而言，每个学生根据自身的"个体语言经验"

---

① 荣维东主编.语文文本解读的实用教程[M].北京：北京大学出版社，2016:50.

对文本作出理解、联想和感悟等。因此，一篇课文，无论对作者、编者还是对学生来说，它都是"活"的"个体语言经验"在操作和践行。特别是对于作为读者的学生来说，教科书中的课文更是其"个体语言经验"得以发展最关键、最基础的学习文本。怎样用作者与编者的"个体语言经验"来变构和完善学生的"个体语言经验"？这是教材文本在语文教学中应当释放的最为重要的"语力"。

1. 课文"理解"的三层内涵解读

课文理解，就是学生用自己的"前见"——已积淀而成的"个体语言经验"去理解作者"个体语言经验"在文本内容和形式中的丰富表现，作者与读者"个体语言经验"的落差，就是学生语文学习发生的前提，就是学生语言素养发展的动力。结合黄伟教授的"三层级阅读教学理论"[①]，笔者以为，学生应当从三个层面去学习作者与编者所渗透和作用在课文中的"个体语言经验"。

第一层，从"言内"走向"言外"地释义。阅读理解的首要任务在于对教材文本"意义"的追寻。因此，理解课文时，首先要处理好"言内之意"和"言外之意"的关系，达到"统一"的状态。[②]一言以蔽之，就是读懂文本，其主要任务就是获取文本信息、体悟文本主旨、领悟作者情感、体会作者意图。这是传统阅读教学的"理解"层面。而达到这样的目标，并不是一蹴而就的，需要读者"个体语言经验"与作者"个体语言经验"反复碰撞，不断共情，逐渐契合。譬如二年级上册课文《我是什么》中的"有时候我很温柔，有时候我很暴躁"，在教学中，既要让学生理解"温柔"和"暴躁"的本义（指人的两种性格表现，这是言内之意），更要让学生体会作者在文本内容上赋予它们的特别含义："温柔"是帮助人们做灌溉田地、发动机器等好事，"暴躁"是给人们带来淹没庄稼、冲毁房屋等灾害（这就是言外之意）。"言内"是"言外"的基础，只有由表及里，理解才能步步深入，求其精微。

---

① 黄伟.阅读教学理论的建构：从分类到分层[J].语文建设，2023（5下）:4—9.

② 李维鼎.语文言意论[M].上海：上海教育出版社，2000:100.

第二层，从"语言"走向"言语"地解码。《中国中学教学百科全书·教育卷》对"语言"和"言语"的区分非常明晰："语言是一种社会现象，言语则是一种心理现象；语言是交际的工具，而言语则是交际的过程。"换言之，"语言"是静态的、集体的，而"言语"是动态的、个体的。这样的认知对学生语文学习的意义不言而喻——文本理解不仅仅是静态的语言知识获得，更是动态的对言语运用策略、方法、规律的把握；文本理解不仅仅是读懂作者隐含在文章中的思想、态度、情感，更是理解作者匠心营构和独特运思的言语智慧。统编小学语文教科书在文后练习的编排上就充分体现了这样的"言语观"。譬如在三上《花的学校》一课中，第一部分"想象花'在绿草中跳舞、狂欢'的情景"，属于理解的"释义"阶段，这是指向"语言"层面的；而第二部分"注意到下面加点的部分"和"照样子写一写"则属于理解的"解码"层面，是指向"言语"层面的，旨在引导学生学习和获得动态的语言经验。

◎ 朗读课文，想象花"在绿草上跳舞、狂欢"的情景。

◎ 读课文的时候，你注意到下面加点的部分了吗？

◇ 湿润的东风走过荒野，在竹林中吹着口笛。

◇ 树枝在林中互相碰触着，绿叶在狂风里簌簌地响，雷云拍着大手。

◎ "雨一来，他们便放假了。"你喜欢这样的表达吗？请你照样子写一写，如，"清风一吹，他们……""蝴蝶一来，他们……"。

第三层，从"多元"走向"有界"地评鉴。对教材文本的理解，应当还有更高的层级，那就是"通过批判、评价和解析文本，发表自己的见解和观点的阅读方式"[①]。不同的学生"个体语言经验"不同，因此他们对文本的理解就会出现"一千个读者就有一千个哈姆雷特"般的丰富多元状态，这是一种"或然逻辑"。但教科书中的课文体现着编者的意志，编者的"个体语言经验"在其

---

① 黄伟.阅读教学理论的建构：从分类到分层[J].语文建设，2023（5下）：4—9.

中显现出鲜明的课程导向，教材文本的教学内容成了一种"实然逻辑"，对学生的理解作出了规定和限制。这就是"多元有界"①。因此，学生的"个体语言经验"在理解的这个阶段，既要有独立开放的"自以为是"式自我评判，还要有指向明晰的"潜移默化"式的主题建构，从而进入教材文本意义的深层架构。这是学生"个体语言经验"提升的方向性节点。譬如五下课文《景阳冈》，如果在现代语境下，对主人公武松的评价一定会出现各种各样的观点：武松要面子，很鲁莽，不听他人劝告；武松打虎，违反野生动物保护法；等等。但是赞扬武松勇敢、胆识过人、武艺高强、为民除害的精神，才是古典小说的价值导向，才是教材的本义，才是编者在教材文本中所确定的"阅读边界"。

对教材文本的三重"理解"，有力地将语文学习从积累与识记层面引向意义和表达层面，让课文真真切切地再现了作者和编者的"个体语言经验"，为学生的语文学习与思维发展提供了可行的路径，更为学生的"个体语言经验"发展开拓了广阔的空间。

2. 课文"经验"的双重转化历程

课文承载着编者"努力呈现语言文字训练的系统性"②的编排意图。教材"文本"原本是一个作者或作家特殊的"个体语言经验"的具体展现，强调的是其言语个性，根本不用考虑读者年段特点以及他们的阅读理解能力。但它被编入教材的一瞬间，这种"特殊性"就会发生重大转换，使之成为某个年段内、某个主题单元里、承载某个训练要素的文本"教材"。从"文本"到"课文"，从"课文"到"语文学习"，"个体语言经验"的主体随之发生转化。

第一重，从"特殊"转向"一般"。 一篇文章或者文学作品，原本是一个作者个性化的创作，它体现着作者在内容上"独到而新鲜的观感"，在形式上"独到而新鲜的表达"③。显而易见，这是作者特殊的"个体语言经验"集中而

① 孙绍振，孙彦君. 文学文本解读学 [M]. 北京：北京大学出版社，2015:131.

② 陈先云. 课程观引领下统编小学语文教科书能力体系的构建 [J]. 课程·教材·教法，2019（3）:78—87.

③ 朱光潜. 谈文学 [M]. 上海：华东师范大学出版社，2018:1.

定向的爆发。可是一旦进入教科书，它就需要在编者意图下，被编辑与裁剪，以"坚持立德树人，体现社会主义核心价值观"，以"继承和弘扬中华优秀传统文化、革命文化和社会主义先进文化"，以"体现时代特点和现代意识，适应学生认知特点和身心发展水平"，以"体现义务教育语文学习的基础性、阶段性特征"，以做到"系统规划和整体安排"。因此，我们在教科书中遇到的课文，已经从作者"独到而新鲜"的文本转为基于所有同年段学生的"个体语言经验"发展的普适性教学资源。譬如，将作家许地山的散文《落花生》编入教材，在题目下标注"选作课文时有改动"，并且将它与《白鹭》《桂花雨》《珍珠鸟》编排在同一单元中，因而将语文要素落在"初步了解课文借助具体事物抒发感情的方法"这个训练点上，让所有同年段学生通过学习《落花生》这篇课文，去获得"借助具体事物抒发感情"的方法、策略等语言经验。此刻，抓取"课文"的单元学习目标和单篇教学价值已经远远重要于品评"散文"的言语风格。

第二重，从"一般"转向"个体"。 不同的学生，即便学习同一版本的教科书，由于个体多元智能特征、生活经验的差异，他们从同一篇教材文本中获得的语言经验也存在着差异。因此，语文学习就是引领学生将教科书中的"一般经验"向着"个体经验"转化与内化的过程。譬如《白鹭》在"精致特点"对比和"生活画面"描摹中抒发情感；《落花生》则在"种花生""吃花生""说花生"的叙述中抒发情感；《桂花雨》通过描述"桂花香"的特点与叙述"摇桂花"的场景抒发情感；《珍珠鸟》则通过叙述"珍珠鸟"与自己逐渐靠近的经历抒发情感。不同的课文，提供着不同的"借助具体事物抒发感情"的方法和策略。而在练习本单元的习作《我的心爱之物》时，学生就会将不同作者借物抒情的经验进行调用与组合，不同的学生所生成的语言经验组块各不相同。教材提供的"一般经验"逐渐在走向个性化，逐步形成每个学生关于借物抒情的"个体语言经验"。

从作者到编者，从编者到学生，语言经验在其间经历着穿越与变构，体现着语文课程的生成与教学过程，更呈现出作者、编者、学生三者之间的"个体语言经验"从"落差"到"落点"再到"落地"的真实过程。

二、课文语境："活"的语言学习发生

"语境"是指文本的语言文字层面对应的源于语言符号间相互关系构成的语义网络，文本的意义只有在前言后语中得以准确解释。[①] 这就是基于"上下文"的"文本语境"。小学语文教科书为何由一篇篇课文构成？其本义就是为每个学生的语言学习提供一个"活"的环境，让字、词、句、段、篇的知识"寄居"在活生生的语义网络、活生生的语用实践中，使得学习者不仅获得语文知识，更通晓这些语文知识的运用状态。毫不夸张地说，基于教材文本的语境学习，是学生"个体语言经验"形成最重要、最便捷也最科学的方式与途径。

1. 语境下领悟"活"的意义

在当前的小学语文教学中，众多教师所鼓励的语文学习方式就是"积累"和"识记"，他们要求学生在课内和课外阅读中，摘录所谓的"好词好句"，片面认为学生只要积累了丰富的语言材料，其"个体语言经验"也自然而然蓄积，从而不断获得发展，语言运用水平也日趋提升。殊不知"好词""佳句""美段"是文本语境下的产物，只有在具体鲜活的文本语境中，它们的"好""佳""美"才得以彰显，一旦机械地将它们从文本语境中抽取和剥离出来，就像让鲜活的鱼儿离开水源，让美丽的鲜花离开根茎和土壤，它们很快就会失去活力甚至生命。尽管学生已经"占有"了这些"好词""佳句""美段"，也会写、会背、能默，但获得的只是它们的"躯壳"，永远不能领悟其"灵魂"，这就是"记得住"却"用不出"的真相。因此，在学生的语文学习中，所有的意义、方法、策略都不能离开文本的鲜活语境。让每个字词都活在语境中，仔细掂量它在课文语义

---

① 荣维东主编. 语文文本解读的实用教程 [M]. 北京：北京大学出版社，2016：50.

网络中的分量；让每个句段都活在语境中，反复斟酌它在课文语义呈现中所担负的职责。只有经历这样的"掂量"和"斟酌"，学生的"个体语言经验"才会有土壤、有根基，才会呈现出活泼泼的语用状态。

2. 语境下感受"活"的思维

"语言是重要的交际工具和思维工具，语言发展的过程也是思维发展的过程。"学生的"个体语言经验"的内核是思维能力。所以，在课文语境下，教师引领学生透过课文内容和形式，去关注作者如何借助形式来呈现内容的思维脉络，这是作者"活"的思维在具体铺展，对学生而言也是提升自身思维水平的重要契机。譬如在四下课文《母鸡》中，关于作者"一向讨厌母鸡"，第一段是这样描述的："我一向讨厌母鸡。听吧，它由前院嘎嘎到后院，由后院再嘎嘎到前院，没完没了，并且没有什么理由，讨厌！有的时候，它不这样乱叫，而是细声细气的，有什么心事似的，颤颤巍巍的，顺着墙根，或沿着田坝，那么扯长了声如怨如诉，使人心中立刻结起个小疙瘩来。"先是"讨厌"，这是一种"直觉判断"；接着是"听吧"，转向了"形象分析"：先从声音的"长度"开始描写——"它由前院嘎嘎到后院，由后院再嘎嘎到前院"，然后从声音的"幅度"写起——从"细声细气"到"颤颤巍巍"再到"如怨如诉"。这样的描述方式让读者也跟着"讨厌母鸡"。从直觉到形象，从综合到分析，这是作者的言语思维在释放力量。即便是文学作品，即便是虚构性作品，在用形式呈现内容的过程中，也需要符合语言逻辑。可以这么说，一个学生言语思维的发展程度决定着其当下"个体语言经验"的发展水平。

3. 语境下探究"活"的创意

课文学习，同时兼具发展学生审美鉴赏经验的价值。发现"这一篇"与"那一篇"的不同，感受"这一篇"与"这一类"的不同，这就是阅读审美与鉴赏。"审美创造是指学生通过感受、理解、欣赏、评价语言文字及作品，获得较为丰富的审美经验，具有初步的感受美、发现美和运用语言文字表现美、创造美的能力。"语文课程赋予了每篇课文这样的功能定位。因此，学习者能积极主动地探究作者在文本语境中的独特表达，这是对作者"个体语言经验"的深度解码，也是对作者在文本中的创意表达的真切体悟。譬如在四下《记金华的双龙洞》一文中，作家写"孔隙窄小"特点的一段在言语形式上就极富创意："虽说是孔隙，可也容得下一只小船进出。怎样小的小船呢？两个人并排仰卧，刚合适，再没法容第三个人，是这样小的小船。船两头都系着绳子，管理处的工人先进内洞，在里边拉绳子，船就进去，在外洞的工人拉另一头的绳子，船就出来。我怀着好奇的心情独个儿仰卧在小船里，自以为从后脑到肩背，到臀部，到脚跟，没有一处不贴着船底了，才说一声"行了"，船就慢慢移动。眼前昏暗了，可是还能感觉左右和上方的山石似乎都在朝我挤压过来。我又感觉要是把头稍微抬起一点儿，准会撞破额角，擦伤鼻子。"在这段文字中，叶圣陶先生没有直接去描述孔隙的"窄小"，而是"曲径通幽"：先写进出孔隙的工具小船之"小"，再写小船靠里外"拉绳子"进孔隙的独特方式，接着写自己"贴"着进孔隙的动作，最后写自己进孔隙的感受。没有一字道明孔隙"窄小"，但字里行间处处弥漫着"窄小"。这样的表达极富个性和创意，可以让学生真切感受到创意表达的妙处，与此同时，也在发展学生"运用语言文字表现美、创造美的能力"。创意表达水平，体现着一个学生语言经验个体化的程度，更是检验一个学生"个体语言经验"发展水平的标尺。因此，在文本语境下探究作者活生生的"创意表达"，对学生而言就是最直观、最有效的阅读与写作学习，是引领学生突破和超越现有语言经验水平的关键契机。

将"课文"作为学生语言学习的重要资源，这应当成为当下语文教学的共识。在格外强调课外阅读的今天，在努力倡导和打造"书香校园"的今天，千万不要忘记，是"课文"为课堂营造了最鲜活的"语境"，是"课文"为学生的理解和表达提供了最鲜活的"场景"，是"课文"让学生的"个体语言经验"保持着新鲜灵动的状态。

三、学习情境："活"的语言运用实践

"语文学习情境源于生活中语言文字运用的真实需求，服务于解决现实生活的真实问题。"新课标中的表述让我们发现"学习情境"以三种状态出现在学生的语文学习中：它基于生活中的"真实需求"和"真实问题"，它与"生活"密切相关，因此它是"生活情境"；它的设置，多半指向"语言文字的运用"，即运用语言文字实现人际沟通与交往，因此它是"交际情境"；与此同时，它常常发生在解决问题的过程中，是促进学生主动探究问题的动力之源，因此它是"问题情境"。无论是哪一种维度和状态的"情境"，都能把语言运用"搞活"，引领学生成为语言运用的主体；都能把语言运用"复活"，引导学生用语言实现自身诉求、达成自身意愿；都能把语言运用"激活"，推动语言运用从机械重复的读写训练走向贴合需要的语言实践。

1. 生活情境：再构"相似语境"的真实语用

"课文语境"与学生的"生活情境"和语言经验有诸多的相似和接近之处，因此，用"课文语境"召唤学生的相似生活经历，用"课文语境"经验唤醒学生的相似写作经验，最终基于"课文语境"去创设能引发学生真实语用的"生活情境"，这是语用情境创设的最基本策略。譬如四年级下册《我家的男子汉》一文，叙述了"小男子汉"学习买东西的曲折经历。这样的"课文语境"，本身就具有生活味和共情性，在本单元习作《我学会了____》的教学中，这个"学习买东西"的语境，就是一个适切的"生活情境"再造与迁移。首先是情境"再造"——读到"小男子汉"学习买东西的情景，你想起了什么？你在学习某项才艺、运动、劳动本领时是否也有过这样的经历？如果你能写下来，它就会成为你的"成长史"。接着是经验"迁移"——小男子汉在"学习买东西"的过程中，遇到了哪些困难，他是怎么克服的？你在学习本领的过程中，也遇到了哪些困难，又是如何克服的？只有写清楚了，你的"成长史"才能打动人，才能教育人，你才会成为小伙伴心中的学习榜样。让"文本语境"与学生真实的

生活发生关联，让"课文语境"与"生活情境"之间形成经验"对流"。要设置这样的学习情境，就需要在"课文语境"中发现学生的相似生活经历，以便适切于学生的"生活情境"再构；就需要在"生活情境"中，学生对"课文语境"经验有着高度的依赖，从而引动"课文语境"经验的"回流"甚至再升级，从而确保语用目标的实现。

2. 交际情境：针对"对象""目的"的真实语用

"交际情境"就是"在写作时心中有特定的阅读对象和明确的表达目的，以及有利于对象接受和目的达成的表达方式"[①]。在"交际情境"中，写作话题就是交际主题，写作主体就是学生在表达中担负的社会角色，阅读对象就是交际对象和语篇读者。譬如五上习作5《介绍一种事物》，可以让学生担当"产品推销员"，写作目的就是让消费者了解产品、购买产品。在写作过程中，作者为了使自己推销的产品深入人心，就会千方百计地调用现有的"个体语言经验"，竭尽所能地从各种例文中学习利于介绍产品、利于消费者接受的其他积极实用的语言经验，做到面向不同的消费对象，运用适切的表达策略。与此同时，他还会在措辞上做到礼貌、尊重、期盼、协商等。语言运用一旦进入"交际情境"中，与真实语用"挂钩"，作为写作主体的学生就会变成活灵活现的社会角色，写作知识就会转化为灵动鲜活的交往技巧，习作文本就会成为活色生香的动人语篇，阅读对象就会成为四清六活的父际对象。"交际情境"改善了传统的语用教学机制，让写作教学华丽转型，让写作学习变得富有价值感与责任感。其实，所有的习作话题都可以转化为交际主题，所有的写作课堂都可以贯穿"交际情境"，所有的习作语篇都可以担负沟通交往的职责。

3. 问题情境：旨在"问题求解"的真实语用

"写作除了具有表情达意功能之外，还是交流、组织、发表信息的重要工具，也是学习新知、提高认知、解决问题、应对工作和生活事务的重要手段。"[②]

---

① 郑桂华.写作教学研究[M].南宁：广西教育出版社，2018：143.

② 魏小娜.真实写作教学研究[M].北京：人民出版社，2017：181.

因此，用"真实问题"作为语用情境引领写作，也是真实写作教学的应然之义。将学生现实生活中的真实问题，作为写作话题；将真实问题的求解过程，设置成一系列真切的语用实践活动，就能让语用活动跨越学科界限，推动学生高品质"个体语言经验"的形成与发展。譬如五下习作6《神奇的探险之旅》教学，就可以设置这样一个"问题情境"：如何成为一名探险小说的作者？基于这个问题可以形成一系列的探究活动：（1）资料搜集——利用网络和图书馆搜集有关沙漠、热带雨林、海中荒岛、南极冰川等探险场景的资料，写作"地理小百科"；（2）探险准备——寻找适合探险场景的伙伴与适用的装备，写作"探险指南"；（3）知识储备——研读《鲁滨孙漂流记》《汤姆索亚历险记》《骑鹅旅行记》等世界名著中的探险章节，绘制"探险路线图"；（4）情节设计——根据"愿望—障碍—行动"的结构，探讨某一具体场景下的探险历程，构思"险境"与"脱险"场面；（5）主题写作——结合提纲，根据"险境图"和"脱险图"，分工写作，整合各部分内容写过渡段；（6）作品推介——为小组创作的"探险小说"写一段推介语，制作一份图文并茂的海报。让"问题情境"贯穿在语用活动之中，让整个语用活动都聚焦和指向问题的解决，写作学习由此铺展出一个完整真实的过程，学生关于"探险小说"写作的"个体语言经验"发展也呈现出鲜明的轨迹。

"生活情境"，让语用活动充盈着家常般的亲切自如；"交际情境"，让语用活动充溢着角色般的责任担当；"问题情境"，让语用活动充满着研究般的探索求解。情境下的语用活动由此变得真切自然；情境下的语用活动由此让学生与语文学习浑然一体；情境下的语用活动由此让学生置身于"做事"的过程之中，收获到指向"做事"的"个体语言经验"。

第二节 从"梳理"到"探究"：
"个体语言经验"的关键活动

　　写作教学是学生形成和发展"个体语言经验"的重要节点，而"梳理"和"探究"则是其中不可逾越的关键环节和基本方式。从"个体语言经验"形成过程来看，"梳理"就是"将积累的语言材料和学习的语文知识结构化，将言语活动的经验逐步转化为具体的学习方法和策略"①，从而让学生零散的知识和经验形成逻辑关联，生成语用的类别和指向；"探究"则是针对真实的问题，"通过倾听、阅读、观察，获取整合有价值的信息，根据具体交际情境和交流对象，清楚得体表达，有效传递信息，满足家庭生活、学校生活、社会生活交流沟通需要"，从而让学生已有的语言经验在匹配具体鲜活的语篇任务情境的过程中实现重组和变构，实现"个体语言经验"的再发展。显而易见，"梳理"和"探究"不仅是写作教学的结构性环节，还是学生写作学习的重要语言实践活动。

一、任务情境："梳理"与"探究"活动的前提

　　"梳理"和"探究"是基本的语言实践活动之一。既然它们是"镶嵌"和"贯

---

① 中华人民共和国教育部.普通高中语文课程标准（2017年版2022年修订）[M].北京：人民教育出版社，2020:6.

通"在写作教学过程中的实践活动，就需要"从学生语文生活实际出发，创设丰富多样的学习情境，设计富有挑战性的学习任务"，让学生以鲜明的角色身份融入写作学习中来，体验到一个写作者的任务和责任，从而享受到语言实践活动带来的尊严和价值。对写作教学而言，需要创设的"学习情境"和"学习任务"常常融为一体，主要有两种类型。

1. 认知情境

这是文本自身的"语境"，即教科书编者所提供的"写话"或"习作"的原有语言环境。譬如三上习作6《这儿真美》："花园、果园、田野、小河……我们周围有许多美丽的地方，你发现了吗？让我们把身边的美景介绍给别人吧！"这是从学生熟悉的自然生活情境入手，引导他们借助写作去发现和探索周围的世界。譬如四下习作5《游_____》："你游览过哪些地方？哪个地方给你留下的印象最深？……按照游览顺序写写这个地方，把游览的过程写清楚。"这是从学生已有的生活经历和经验出发，展开写作学习，让学习在熟悉的环境下发生和行进，有利于缓解学生对写作的焦虑。将学生的写作认知放置在一个熟悉和亲历过的场景中，这让语言材料的"梳理"显得水到渠成和顺理成章——每个学生都可以站在写作视角对过往生活进行重新审视和发现，进而有目的地筛选与整合；可以对曾经学习过的相关写作经验进行罗列和归类，从而有针对性地比对和匹配。与此同时，对生活情境中的具体内容进行权衡和掂量，确定最有把握、最有分量、最能指向表达目标的写作内容，这需要"探究"；怎样将经过删选的内容表达得清楚明白，这更需要"探究"：在熟悉的生活与经验中"探究"，既有利于学生"个体语言经验"的调动，也有利于学生"个体语言经验"的重组与改进。

2. 交际情境

这是在写作教学设计中，教师为了激发学生的表达需求、为了实现写作书面交际的本义，引导学生担当具体角色面对真实读者进行表达而创设的任务情境。譬如六上习作7《我的拿手好戏》教学，设计"十佳小能人评选"情境，让学生结合自己的所长，担当某个方面的"小能人"，借助"能人展示台"向全校同学展示自己的"拿手好戏"；譬如三下习作6《国宝大熊猫》教学，营造"我当熊猫推广大使"的情境，让学生梳理和整合资料，为大熊猫写"推介词"，从而让世界各地的"熊猫迷"们更加了解"国宝"。交际情境，让写作回归生活交往，更让每个学生都在写作中找到了自己的主体位置和责任。对于"梳理"而言，学生可以根据情境中的交际目的和对象，结合自身担任的角色，确定语言材料的指向；学生承担具体角色和实现角色任务的过程，就是"探究"的过程，在这个过程中，学生会千方百计地调动已有的写作经验，进行反复尝试和完善，从而找到最适合的言语结构和最适合的语气措辞，从而完成目标任务。

认知情境是写作教材的静态背景和"物理环境"，是学生写作学习发生的基础性前提，也是"梳理"和"探究"这两种语言实践活动实施的生活与经验土壤；交际情境是写作教学设计的动态场景和"化学现象"，是写作任务与学生个体形成切身关联的桥梁，也是"梳理"和"探究"这两种语言实践活动的动力源泉。一节优秀的写作教学课应当是认知情境和交际情境兼备，"梳理"和"探究"活动兼容，学生的写作学习兴趣和写作素养发展兼得的。

二、"梳理"活动：帮助学生"聚拢"写作经验

在当下写作教学过程中，"梳理"活动一直缺席。一方面，面对着语篇写作任务，学生不能迅速调集匹配的语言材料和语识经验，这极大地影响着学生语言运用的效率；另一方面，学生在日常听说读写

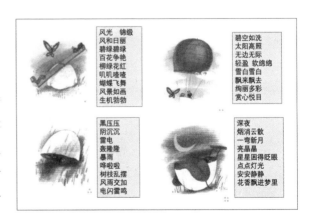

中积累的语言经验，因缺乏结构支架来对它们进行归纳和分类，一直处于零散杂乱的状态，这直接累及学生"个体语言经验"的品质提升。而成就"梳理"活动的关键就是写作教学过程中教师能提供与语篇写作任务相适应的"梳理支架"，让学生原有经验结构中的语言材料和语识材料"对号入座"，针对具体的语篇写作任务而形成与之对应的"经验库存"，为自身"个体语言经验"重构做好前提铺垫。在小学写作学习中，"梳理"活动经历着这样三个阶段。

1. 写作学习初期，语言材料梳理是重心

对于刚刚踏上写作之路的学生而言，最为缺乏的是语言材料，主要包括与任务语篇相关的类型词语以及基本句型。这就需要教师引领学生开展基本的"梳理"活动。譬如二年级下册"语文园地四"中的看图写话："看图，想一想：小虫子、蚂蚁和蝴蝶用鸡蛋壳做了哪些事情？它们有什么有趣的经历？把它们这一天的经历写下来吧！"要写"有趣的经历"，"写作前的准备越充分，写出来的东西信息量就越大，内容就会更有趣，结构也会更清晰"[①]。诚如斯言，对于二年级的学生而言，所需做的准备，就是搜集能匹配图画的类型词语。教师可以引领学生分工合作，针对本次"写话"的四幅图画，以"插图"为支架，对已经学习过的"词语表""文后练习""语文园地"进行梳理，制作四个"环境语句箱"。当然，还可以继续围绕插图，为三个小动物制作"动作语句箱""心情词语箱""声音词语箱"，等等，以此丰富学生写话的内容，减缓学生写话的坡度。"梳理"的支架越清晰，对学生语篇建构的支持力度就越大；"梳理"的支架越细密，越能促进学生"个体语言经验"的结构化。

2. 写作学习中期，言语结构梳理是关键

在写作教学中，语文教师最重要的指导就是为学生提供实现语篇写作目标的优质言语结构，为学生自主"组段"提供可靠的言语操作经验。对教师而言，能够对标语篇任务，引导学生梳理出最适合、最稳定、最贴近他们现有语言经

---

① 傅丹灵，王志军．如何教写作[M].上海：华东师范大学出版社，2012:10.

验水平的"例文支架"至关重要。在四上习作4《我和____过一天》的写作中，如何让自己的想象变得神奇呢？这就需要教师引导学生从教材"课文"或相关"范文"中梳理出最适合的表达支架。本单元课文《盘古开天地》中就藏着让想象变"神奇"的两个支架。一是将神话或童话人物的动作写"神奇"的支架："巨人见身边有一把斧头，就拿起斧头，对着眼前的黑暗劈过去，只听见一声巨响，'大鸡蛋'碎了。轻而清的东西，缓缓上升，变成了天；重而浊的东西，慢慢下降，变成了地。"这段文字最核心的动作就是"劈"。首先工具很"神奇"——巨人的身边怎么会出现一把"斧子"呢？其次声音很"神奇"——一声巨响。最后效果很"神奇"——轻而清的东西变成了天，重而浊的东西变成了地。二是将神话或动画人物的身体变化写"神奇"的支架："他呼出的气息变成了四季的风和飘动的云；他发出的声音化作了隆隆的雷声；他的左眼变成了太阳，照耀大地，他的右眼变成了月亮，给夜晚带来光明；他的四肢和躯干变成了大地的四极和五方的名山；他的血液变成了奔流不息的江河；他的汗毛变成了茂盛的花草树木；他的汗水变成了滋润万物的雨露……"首先是脸部器官的巨变，接着是四肢和躯干的巨变，然后是血液的巨变，最后是汗毛的巨变。这个"支架"能让学生发现，只要将童话或神话人物在使用法力时显现出来的"动作过程"和"身体巨变"这两个方面的奇异景象写下来，故事就会"神奇"无比。这两种"例文支架"，清晰显现出想象思维的运行轨迹，也充分展露出将丰富想象落地成语言段落的结构方式。只有经常引领学生进行这样的"例文支架"梳理，学生"个体语言经验"的形成和发展才会有基础，学生散碎的"个体语言经验"之间才会形成相互的逻辑关联。

3. 写作学习后期，表达要素梳理是前奏

在小学阶段，语文课程进入第三学段之后，写作学习内容的前后关联逐渐突显，写作训练的系统性也日益彰显。统编小学教科书"将学生必备的语文知识、基本的语文能力、常用的学习方式或适当的学习策略和学习习惯，分成若干个知识或能力训练的'点'统筹规划训练目标的序列，并按照一定的梯度，落实在各个年级的相关内容和活动中，努力体现语言文字训练的系统性"[1]。基于此，学生在展开写作学习之前，要以本次语篇写作任务为中心，对同种类型的语篇写作任务在不同阶段的写作训练要素进行梳理，从而明晰本次写作训练"个体语言经验"的生长点。以"介绍事物"为例，三下习作1《我的植物朋友》，表达要素为"试着把观察到的事物写清楚"；三下习作7《国宝大熊猫》，表达要素则是"初步学习整合信息，介绍一种事物"；五上习作5《介绍一种事物》，表达要素递进为"搜集资料，用恰当的说明方法，把某一种事物介绍清楚"；五下习作7《中国的世界文化遗产》，表达要素再进阶为"搜集资料，介绍一个地方"。从植物到动物，再到事物和景物，"介绍"的广度在变换拓展；从"借助观察"状物到搜集"资料"状物，"介绍"的形式在更迭换代。借助前后写作学习内容的"梳理"，将单"个"语篇写作任务放置在同"类"的语篇写作任务之中，可以让学生在不同学段获得的同种类型的表达经验有效关联起来，不断巩固与叠加，不断延展和提升，不断丰富学生个体"介绍"经验的内涵和外延。

在写作学习中，教师要有目的、有意识地引领学生开展"梳理"活动，让学生的"个体语言经验"在不同的任务情境中累积和整合，在不同的任务情境中穿越和融通，在不同的任务情境中变构和完善。

三、"探究"活动：促进学生"突破"写作经验

"探究"活动充分体现了语文课程的实践性特征，充分"沉浸"和"运行"在学生写作学习的过程之中：第一学段要求"对周围事物有好奇心，能就感兴趣的内容提出问题，结合其他学科的学习和生活经验交流讨论，尝试提出自己的看法"——提出问题，交流讨论，发表看法；第二学段要求"能提出学习和生活中的问题，有目的地搜集资料，共同讨论，尝试运用语文并结合其他学科

---

① 陈先云.课程观引领下统编小学语文教科书能力体系的构建[J].课程·教材·教法，2019（3）:78—87.

知识解决问题"——提出问题，搜集资料，解决问题；第三学段要求"利用图书馆、网络等渠道获取资料，解决与学习和生活相关的问题，尝试写简单的研究报告""对自己身边的、大家共同关注的问题，或影视作品中的故事和形象，通过调查访问、讨论演讲等方式，开展专题探究活动……"——关注问题，专题探究，解决问题。在这里，所谓的"感兴趣""共同关注"的"生活或学习"问题就是提出写作话题，"搜集资料""调查访问""交流讨论""专题探究"就是进行"探究式"写作指导，"发表看法""运用语文并结合其他学科知识""写简单的研究报告"就是基于"解决问题"的学生写作。应该说，基于"问题探究"的写作教学就是引导学生瞄准任务调动已有语言经验，匹配情境重构经验组块，精准针对生成崭新语言经验的过程。

1. 明确探究问题

在语文教科书中，每一篇"写话"或"习作"都可以具化成一个情境任务，也就是学生需要用写作来解决的问题。有的语篇写作任务自带"问题情境"，譬如四下习作4《我的动物朋友》，教材一连提出三个亟待解决的问题：（1）一只小羊不见了，请求伙伴帮忙找一找；（2）全家外出旅行，请邻居帮忙喂养小狗；（3）举家搬迁，请同学收养小猫。显而易见，需要通过学习写"寻物启事""喂养指南""收养公告"来解决问题。像这样的"习作"或"写话"就是冲着问题求解而出发的。有的语篇写作任务需要创设"问题情境"，譬如六下习作2《写作品梗概》，可以将写作任务生成富有情境的问题挑战——"学校图书馆新到一批新书，为了让同学们更好地了解书的内容，决定为每本新书做一份'作品梗概'。参加撰写的同学，就可以成为这本新书的第一位读者。你愿意先睹为快吗？你愿意向大家推介这本新书吗？"接受任务挑战的开始，就是"探究"活动的开始，就是写作学习的开始。将"写话"或"写作"作为鲜活的生活情境中的探究问题，这是撬动和突破学生固有"个体语言经验"的始发动力，能引动学生充满激情、富有担当地投入写作学习之中，千方百计、竭尽所能地完成语篇写作任务。

2. 调动已有经验

如果具体的情境问题是一个明确的"靶"，那么在写作学习中学生已有的表达经验就是一支支随意摆放的"箭"，学生在角色的引动下，就会绞尽脑汁地召唤与情境问题相匹配的经验之箭，瞄准问题"箭靶"。譬如，学生在五上习作3曾经学习过"缩写故事"，已经获得将长故事通过"摘录""删减""概括""改写"变成情节连贯的短故事的经验；在五上习作8经历过"推荐一本书"，已经获得将"内容新奇有趣""情节曲折离奇""人物个性鲜明"的部分推荐给读者的策略，因此，在面对"写作品梗概"这个情境任务时，学生并不是一无所知的，而是已经拥有的"个体语言经验"正暗流涌动，保持"瞄准"姿势，处于"发射"状态。此刻，就可以放手让学生尝试任务，对于体现单元表达要素的关键段落，可以先进行"预写"活动。先让曾经的语言经验进行自行组织，瞄准语篇写作任务进行自主建构，能为教师教学提供现实的"学情"空间。

3. 重构经验组块

根据学生的"预写"情况，教师针对语篇写作目标，引导学生发现了自主语言经验建构中的缺陷和不足，于是再次进行经验组块的重构。譬如在《写作品梗概》这篇习作的"预写"中，原本针对"一篇"的"缩写故事"经验已经远远不能满足针对"一本"的"写作品梗概"经验需求；原本组合相关情节、相关人物、相关插图、相关作家等"局部信息"的经验，已经不能用于概括整本书的"全信息"。这就需要站在已有结构性经验的基础上，进行经验再组织、结构再重建：第一个层次，借助"目录工具"，筛选主要情节；第二个层次，运用"简明叙述"，概括主要情节；第三个层次，巧置"悬念过渡"，贯通主要情节。在此基础上，引导学生对先行预写的"梗概"进行深度的自行修改和相互修改，在真实的言语操作实践中，促进新的语言经验和已有语言经验相融合。以"主要情节"为主线，以"简明叙述"为内核，以"悬念过渡"为桥梁，将"缩写故事""推荐一本书"的经验融会贯通，形成针对语篇写作的崭新语言经验组块，打破和变革原有言语结构，学生的"个体语言经验"在此获得发展。

4. 展评解决方案

学生语篇写作任务的完成，并不是"探究"活动的终结，还需要回归和呼应起初的"问题情境"。要引导每个学生展示基于"问题探究"的结果以及成效评估，从而达成写作"探究"活动的闭环。就《写作品梗概》这篇习作而言，首先需要为每一本新书挑选一篇优秀的"作品梗概"，选中者即为优秀；其次要将每一本新书的"作品梗概"展示出来，或发布在图书馆门前的"好书推荐"展板上，或发布在学校网站的"图书馆"专栏中，或发布在学校图书馆的"新书上架"微信公众号上，多方位地引发全校同学的关注。可以用"点击量"的多少进行评价，还可以通过每本新书的借阅频次进行评估，总之，要指向每个任务语篇的原初语用交际目标。

在基于"问题情境"的写作"探究"的各个环节，学生真实的写作学习都展现其中，通过搜集资料、交流讨论、先行预写、修改评改、展示交流等语言实践活动，学生的"个体语言经验"得到变构和完善、发展和提升。不难发现，在"探究"活动中，"梳理"也如影随形，为学生的初步和深度"探究"活动提供技术保障，为已有语言经验的输出和崭新语言经验的诞生提供前提。

尽管写作教学中的实践活动不仅仅是"梳理"和"探究"，但是它们在学生"个体语言经验"发展的过程中，承载的份额和担当的职责最为重要。因为它们彻底颠覆和扭转了传统的"教写作"风气，将"教写作"引向师生共同"做写作"，将"个体语言经验"视作一种"做事"的学问，当成一种可以即时性应对语篇写作任务、可以不断重组与变构的动态语言经验。

第三节 从"语言"到"思维"："个体语言经验"的实践样本

为说理而写作的"说理文"，是"基于功能文体学的文体开发，出发点是现实的功能需求"[1]，尽管也需要观点和例证，但与常见文体"议论文"相比还是有区别的：它不是凭空发生的，它构筑在真实的语用情境之中，是学生为实现自身诉求而进行的写作学习；而议论，则是针对一个公共或热点话题，发表自己的看法，这个话题可能与自己有关，也可能与自己无关，旨在训练学生的言语思维能力。因此，议论文是用于写作训练的"教学体"，而"说理文"却是指向学生真实生活的"实用体"。在以往的小学语文教材中，"说理文"写作少有涉及，比较常见的就是写读后感。统编小学语文教材从三年级起，说理类写作便有了相应的编排，三上习作 7《我有一个想法》就是小学"说理文"写作的开端。像这样旨在说理的习作训练在教材中为数可观，这是新课标导向下的大势所趋，是统编小学语文教材当下和未来建设的必然走向。因此，在小学阶段研究"说理文"写作与教学，势在必行。

一、小学"说理文"写作的学段特征

"说理文"写作属于思辨性表达，小学阶段正是学生言语思维发展的关键

---

[1] 魏小娜.真实写作教学研究[M].北京：人民出版社，2017:176.

期，也是学生思维从形象、感性走向理性、理智的重要发展时期，因此在此阶段开展"说理文"写作教学恰逢其时。但如果将初中、高中的"议论文"写作要求直接放置到小学，可能会造成另外一种误区。对照《普通高中语文课程标准（2017年版2020年修订）》和《义务教育语文课程标准（2022年版）》中关于"思辨性阅读与表达"学习任务群的具体描述，就会发现，小学阶段的"说理文"写作教学具有独特的学段特征。

1. "有理"

小学阶段，学生大多写的是叙事文，习惯于叙述和描写。因此，学生在"说理文"的写作中，所说之"理"常常夹带在叙述和描写之中，属于"夹叙夹议"，无法呈现出清晰的文体边界。有时，所叙之"事"、所绘之"景"，也是作为所说之"理"的一部分。高中"说理文"写作"力求立论正确，语言准确，论点恰当，讲究逻辑"①，这是严谨的理性表达；初中"说理文"写作要求"观点鲜明，证据充分，合乎逻辑"，这是明确的理性追求。而小学的"说理文"写作只是要求有"理"，将理由说清楚，至于这个理由是否科学、是否经得住推敲，暂且不予讨论，其关键在于作者有"观点"，作者在努力而认真地印证"观点"。

2. "在理"

小学"说理文"写作，旨在亮出自己的"观点"，这个"观点"需要"在理"，不是歪理邪说，而是遵循社会倡导的公理，遵守法律规定的法理，符合日常生活的道理，适应人际正常交往的情理。这是小学"说理文"写作要着力关注的内容。与此同时，要"梳理观点、事实与材料的关系"。"事实与材料"和"观点"要相互匹配，"事实与材料"可以将"观点"立起来，这样的"理"才会让人心悦诚服。而高中"说理文"写作要求"能理性、有条理地表达自己的观点，平等商讨，有针对性、有风度、有礼貌地进行辩驳"②，除了"在理"，还要讲究"情礼"：能"平等商讨"——就是将读者放在与自己平等的位置上，

①② 中华人民共和国教育部.普通高中语文课程标准（2017年版2022年修订）[M].北京：人民教育出版社，2020:19.

充分考虑对方的感受；能"有风度、有礼貌"——就是在说理应对中，在措辞方面，注意尊重对方，能适度礼让对方。而这些"柔性"的要求对刚刚踏上说理之路，还在努力达到"刚性要求"的小学生而言，的确难以兼顾。

3."条理"

要与他人说理，就得将"理"说清楚，其关键在于说理的内容和过程有条不紊，这就是言语思维使然。小学"说理文"写作教学的重要落脚点就是引导学生在说理过程中运用基本的思维策略。新课标非常关注学生在说理过程中的思维建设，在第三学段特别提出："应引导学生分析证据和观点之间的联系，辨别总分、并列、因果等关系，有条理地表达自己的观点。"这是小学阶段说理的基本"逻辑面"，其思维含量及要求都处于思维能力的基础层面。而高中"说理文"写作教学注重发展学生的辩证思维和批判性思维，初中"说理文"写作教学聚焦在"负责任、有中心、有条理、重证据地表达，培养理性思维和理性精神"上。显而易见，中学的"说理文"写作教学对于"条理"的程度和尺度要求较高，将逻辑性的说理和批判性说理作为目标指向。

无论是成人还是儿童，都一定会有种种诉求，在实现诉求的过程中说理不可或缺。随着学生的社会化程度升高，说理能力和说理所达成的目标也随之攀升。如果我们能"瞻前顾后"，精准把握小学阶段"说理文"写作的站位，切准小学阶段"说理文"写作教学的基本特征，就可以推动学生的理性思维真实发展。

二、小学"说理文"写作的思维策略

教育的任务就是教人学会思维，教育的价值就是使人拥有良好的思维品质。而语言是思维走向高阶和成熟的工具，思维则是语言形成和发展的心智基础和内在动力。[①] 由此可见，要提升学生的说理能力，先得从语言学习开始，以此获得必要的思维策略；将思维策略带入说理之中，以此带动说理表达水平

---

① 郑国民、李宇明主编.义务教育语文课程标准（2022年版）解读[M].北京：高等教育出版社，2022：168，169.

提升。因此，说理学习的起点不在"说理文"写作上，而在具有说理思维的思辨性阅读中，而小学语文教科书教学就是培养说理所需要的理性思维策略的基本途径。

1. 质疑策略

要说理，要表达说理，先得搞清楚"理"从何处来。在"说理文"写作中，先得有一个"理"的诞生过程，或者必须将"理"的由头交代清楚。在统编小学语文教科书中，这个"由头"常常始于作者的质疑。**一是"疑"从经验中来。**在平时的观察中，发现了以往经验解决不了的问题。譬如四年级上册课文《蝴蝶的家》的开头："我常想：下大雨的时候，青鸟、麻雀这些鸟都要躲避起来，蝴蝶怎么办呢？"思考就此开始，说理也随之共生。**二是"疑"从观点上来。**作者一开始就表明自己的观点，紧接着印证自己的观点。譬如四年级上册课文《呼风唤雨的世纪》的开头："20世纪是一个呼风唤雨的世纪。是谁来呼风唤雨呢？……靠什么呼风唤雨呢？"作者对自己的观点提出疑问，实际上是站在读者角度，激发读者对说理过程的阅读期待。**三是"疑"从现象中来。**从描述生活场景开始，然后对大家耳熟能详的现象提出自己独特的问题。譬如四年级上册课文《夜间飞行的秘密》的开头："清朗的夜空出现两个亮点，越来越近，才看清楚是一红一绿的两盏灯。接着传来了隆隆声，这是一架飞机在夜航。在漆黑的夜里，飞机是怎么做到安全飞行的呢？"这种现象大家都知道，但大家对这个问题基本上未思考过，这是用质疑的方式引导读者对作者说理的关注。**四是"疑"从假设中来。**对未有结论的事情进行假设性推想，然后提出建立在推想基础上的疑问，通过问题的求解去验证推想成立与否。譬如六年级上册课文《宇宙生命之谜》中，作者推想"地球绝不是有生命存在的唯一天体"，以此为基础提出疑问："哪些天体上可能有生命存在呢？这个天体又必须具备什么样的条件呢？"用问题求解的方式，去证实自己的假设是"假象"还是"真相"，这个"思考"过程极具思维训练价值。将质疑策略运用在明"理"和说"理"之前，让"理"出乎其内，让"理"发乎于外，来得自然妥帖，为下面的说理提供了鲜明的指向，为说理过程预设了路径，为说理表达做好了铺垫和伏笔。

2. 观点策略

无论是事理、情理还是道理，它们在表达中都是旗帜鲜明的"观点"，即"我要说什么"——作者对事物或问题的根本看法，这是"理"的内核，是作者个体意识存在的标志。因此，在说理思考中，"明确观点"是一种思维策略，更是所有说理话语和说理方式的中心。**一是用文题呈现"观点"**。借助题目，将作者的观点醒目地呈现在读者面前，让读者清楚地知道作者所言之理。譬如六年级下册课文《为人民服务》，"为人民服务"就是整篇演讲稿的中心。以文题作为说理的"观点"，先决条件是它得耳目一新，让人心头为之一振，让大家都愿意侧耳倾听和积极参与到说理的过程中去。**二是用开头呈现"观点"**。文章一开头，作者的观点就"先声夺人"，读者纷纷"围观"，翘首以待。譬如六年级上册课文《夏天里的成长》的开头："夏天是万物迅速生长的季节。""万物"到底怎样"迅速生长"，需要作者进一步验证和说明。这样的"观点"直白鲜明，不拐弯不委婉，文章的开头就是说理的开始。**三是用过程呈现"观点"**。在有些"说理文"中，作者没有直白地亮明观点，但是"盐在汤中"。譬如四年级上册课文《扁鹊治病》中，扁鹊向蔡桓侯的手下解释道："病在皮肤上，用热敷就能够治好；发展到皮肉之间，用扎针的方法可以治好；即使发展到肠胃里，服几剂汤药也还能治好；一旦深入骨髓，只能等死，医生再也无能为力了。"这段说理的前提是扁鹊有四次给蔡桓侯诊病的经历，这段说理的核心是"有病及时治疗，不能讳疾忌医"。尽管"观点"没有明确，但是说理人从头至尾都在用行动演绎这个"观点"。**四是用结尾呈现"观点"**。说理不是"说教"，不能"干说"，如果在具体的例证之后呈现观点，会让读者更加心悦诚服。譬如六年级上册课文《只有一个地球》在多角度印证之后，大声疾呼："我们要精心地保护地球，保护地球的生态环境。让地球更好地造福于我们的子孙后代吧！"这种"结论式"的观点表达，振聋发聩，充满召唤，对读者来说意味深长。

3. 例证策略

在"说理文"写作中，"观点"只是作者提出的一种主张、想法、看法，如果没有"事实"来佐证，说理是缺乏诚意和过程的。但单一的"事实"属于巧合的"孤证"，需要多个来自不同角度的"事实"让"观点"经得住推敲。这就是说理的重要思维方式——例证。常见的例证方式有四种。**一是"空间式"例证**，即在不同的空间发生着印证"观点"的不同"事实"。一年级下册课文《要下雨了》中，为印证"要下雨了"的观点，作者运用了"天上燕子低飞""小鱼游到水面""地上蚂蚁搬家"这三个不同空间正在发生的"事实"来表达同样的"观点"，尽管读者是一年级学生，但说理毫不敷衍，深入浅出。**二是"分解式"例证**，即从事情过程的链条上分解若干"事实"来具体印证"观点"。譬如二年级下册课文《千人糕》中，主人公对"千人糕"的制作过程进行细密"分解"：获得食材大米，需要农民种稻子，种稻子需要种子、农具、肥料、水，此过程需要很多人的劳动；食材糖，要用甘蔗汁、甜菜汁熬出来，甘蔗、甜菜也需要人种，熬糖的时候，要有工具和火，此过程中也有很多人付出辛劳；米糕做好了，还得要人包装、送货、销售，此过程也牵涉很多人。这样的"分解"，将"千人糕"这个"观点"说得一清二楚。**三是"体验式"例证**，就是异见者处在"观点"持有人的视角去真切体验"观点"的形成过程。在二年级下册课文《画杨桃》中，老师为了印证观点"看的角度不同，杨桃的样子也就不一样"，让"这几个同学轮流坐到我的座位上"，用"我"的视角观察"杨桃"。"身教"胜于"言教"，用亲身体验的方式去说理，也是达成共识的重要路径。**四是"时间式"例证**，就是按照时间先后顺序排列"事实"，从而说明"观点"是经过长时间检验的，是经得住时间考验的。譬如六下课文《真理诞生于一百个问号之后》，作者为了证明观点"真理诞生于一百个问号之后"，借助这样三个"事实"来进行例证：一是17世纪英国化学家波义耳研制石蕊试纸，二是20世纪初德国气象学家魏格纳提出"大陆漂移学说"，三是20世纪中叶俄裔美国睡眠研究专家阿瑟林斯基发现脑电波的变化与做梦有关。这三个"事实"在不同时段、不同地点、不同学科都能证明"观点"的正确性和规律性。"事实胜于雄辩",这是最基本也最重要的说理策略。至于搜集何种类型的"事实"、如何分布这些"事实",这是"例证"思维提升的重要向度。

4. 类比策略

在"说理文"写作中,说理不能"硬说",不能"强说",需要"软说"——将"理"说得通俗易懂,将"理"说得和颜悦色,将"理"说得亲切可亲。要做到如此,"类比"思维不可或缺。《现代汉语词典》(第7版)对"类比"作如是解释:"根据两种事物在某些特征上的相似,做出它们在其他特征上也可能相似的结论。"可以肯定的是,用来类比的事物,一定是读者非常熟悉、喜闻乐见的。用于说理的"类比"通常有三种。**一是"程度类比"**。有些事理和事物微不足道,很难将其说得清楚;有些地域和技术大家很陌生,因此不妨将一个大家熟知的事物同它进行"类比",以此类推,从而达到感官上的放大、体验上的加深,达到说清楚的目的。譬如四年级下册课文《纳米技术就在我们身边》中,纳米是个极其细微的长度单位,怎么将它的"小"说得妇孺皆知?作者运用了"类比"思维——"如果把直径为1纳米的小球放到乒乓球上,就好像把乒乓球放在地球上,可见纳米有多么小"。将人尽皆知的"乒乓球"作为说理"参照物","乒乓球"相比地球有多小,那么纳米相比"乒乓球"就有多小,让"小"可视化,让"小"参照化。说理过程中用"类比"思维,可以增强所说之理的分量和效果。**二是"品性类比"**。在说理中,有些"观点"比较抽象,又无法用具体的"事实"来进行例证,这时说理只得靠"类比"来实现。譬如五年级上册课文《少年中国说》中,作者为了表明"少年中国"的观点,他运用了"红日初升""河出伏流""潜龙腾渊""乳虎啸谷""鹰隼试翼"等一系列品性上能体现朝气蓬勃、前途无限的事物来与之类比,以展示未来中国的广阔前景和无限生机。**三是"原理类比"**。在解说一些深奥、复杂的科学"原理"时,不妨用读者已经熟知的一些事物活动的"机理"进行类比,从而通俗、准确、清楚地解释科学"原理"。譬如四年级上册课文《夜间飞行的秘密》最后两个自然段中，为了说清楚"雷达"的工作原理，作者用"蝙蝠"飞行的"机理"进行类比，将专业的科学知识通俗化、普及化。像这样的"类比"，在科普说理文写作中经常会出现，常常用在"仿生"科技的解说中。"类比"策略，是小学"说理文"写作中运用的高阶思维，需要作者有触类旁通、举一反三的思维品质。

作为深度思考的说理过程，其思维方式从"质疑"开始，到提炼和表达"观点"，再到在论证过程中"例证"和"类比"，这是小学"说理文"写作的思维运行轨迹，也是"说理文"写作的思维策略和使用指南，更是小学"说理文"表达的基本模型。

三、小学"说理文"写作的实施路径

小学说理训练需要基于学生的生活需要，需要基于学生的表达经验，但是更需要在课程与教学的支持下进行课堂内的写作训练，让"说理文"写作学习真正发生。遗憾的是，当下对"说理文"写作的认识依然存在着这样的误区：一是"说理文"写作就是写"议论文"，学生在小学阶段的言语和思维水平难以抵达；二是"说理文"写作需要借助专门的思维策略，而当下小学语文课程中尚未出现这样的教学内容。这样的认识看似很有道理，但是"公共话语逻辑和说理不只是一种知识，更是一种习惯，而习惯是需要从小培养的。一个人一旦错过了易于培养思想和话语的习惯形成期，即便后天有机会获得有关知识，也很难成为真正习惯"①。因此，充分发掘和利用现有的教材资源，积极开展"说理文"的写作教学应当成为当务之急，刻不容缓。

1. 培养说理表达的个体意识

"当一个公共事件发生时，很多人最常见的反应是鹦鹉学舌般地重复记者

---

① 徐贲.明亮的对话：公共说理十八讲 [M].北京：中信出版社，2014:7.

是怎么说的、专家是怎么说的，却唯独忘记"我"怎么说。"① 这反映了当代人说理的个体意识集体性缺乏，说理教育在这个信息时代严重缺失和相对滞后。所以，从小学阶段开始培养学生的说理意识至关重要，这也是新课标将"思辨性阅读与表达"列入课程内容的重要原因。所以，在阅读学习中，要高度关注学生"对感兴趣的人物和事件有自己的感受和想法""在交流和讨论中，敢于提出看法，作出自己的判断"；在表达学习中，要高度关注学生"参与讨论，敢于发表自己的意见，说清自己的观点""珍视个人的独特感受"。这是学生"个体意识"的萌芽孕育，也是学生"个体意识"的自我发现和自觉唤醒。因此，在"说理文"写作中，要特别强调"我"的观点、"我"的意见、"我"的思考，说理就是说"我的理"。这样的个体意识，应当从识字教学、阅读教学、口语交际教学、综合性学习中一点一滴培养起，并且从有具体鲜活情境的言语交往的细枝末节处关注起。

2. 重视说理思维的教学培育

不要以为"说理文"写作教学重在培养学生的说理思维，这样的理解实则有误。其实"说理文"写作教学重在关注说理思维在语言表达中的恰当运用，说理思维培养的最主要阵地就是耳濡目染的阅读教学，培养的最基本手段就是与学生朝夕相伴的语文教材，培养的最佳起点就是懵懂初开的小学一年级。在一年级语文教科书中，大多数课文都是孕育说理思维的佳作，譬如"例证思维"，《比尾巴》《大还是小》《怎么都快乐》《要下雨了》《植物妈妈有办法》等，它们用学生喜闻乐见的童话、儿歌形式将事理、情理、哲理于无声处地在学生幼小的心田深深地扎根，同时又将说理思维潜移默化地传递给学生。在其他年级的课文中，纯粹的说理文篇目寥寥无几，但说理的思维无处不在，可能藏在某篇叙事文的某段对话中，可能藏在某篇说明文的某个方面介绍中，可能藏在某篇状物散文的结尾处。教学的关键就是语文教师能够敏锐地发现其中的"说

---

① 郑国民、李宇明主编. 义务教育语文课程标准（2022年版）解读 [M]. 北京：高等教育出版社，2022：168，169.

理性"思维结构，将文中的"观点""事实"对应起来，将体现说理言语特征的"关联词语"重点圈画出来，将实现说理的言语支架简单提炼出来，这就是心理学上所倡导的"知识编辑"，这是说理技能形成和迁移运用的前提。只有经过精选、梳理、编辑的说理知识才有助于应用。[①] 像这样出自具体语境的说理思维，像这样符合学生言语特征的说理思维，在"说理文"写作中最容易被迁移，最容易被消化，最容易生成"刚性语力"。

3. 建构说理写作的课堂结构

在统编小学语文教科书中，具有鲜明"说理文"倾向的习作有 7 篇，均匀地分布在 3—6 年级。与其他文体的写作教学相比，"说理文"写作教学的课堂结构常常包含四个层次。**一是"动因"结构，指向"为何而说"。** 就是将说理与学生真实生活中的"刚需"结合起来，因"需"而说，不得不"说"，通过写作达成心愿，实现内心诉求，这无疑为说理创设了一个真实的情境。**二是"情礼"结构，指向"因人而说"。** 说理写作是面向真实对象的，这是"说理文"的根本"受众"。因此，所说之"理"要得到对方认同，其前提就是在说理的措辞上多用"敬语"和"商量口吻"，充分体谅对方的现实处境和遭遇，让说理的过程成为以情动人、礼貌协商的过程。**三是"理据"结构，指向"怎样去说"。** "说理文"写作教学，要充分释放说理思维的功能，让"观点"表达鲜明而公义，让"事实"多维而匹配，让"措辞"严谨而适切，从而在"观点""事实""措辞"之间形成咬合与呼应，在"事实"之间形成互补与秩序，从而达到以"事"论"理"、以"理"驳"事"的功效。**四是"应答"结构，指向"说得怎样"。** 在"说理文"写作教学的最后环节应当架构"应答机制"，借助网络社交平台让"说理人"和"受众方"面对面，在真实的交际情境中让"受众方"评价说理效果，即对所说之理是否认同，能否积极行动以满足"说理人"的诉

---

① 韩雪屏.语文教育的心理学原理 [M].上海：上海教育出版社，2001:356.

求。^① 这样的四重课堂结构能促使学生"说理文"写作顺畅通达，保障学生所说之"理"深入人心。

4. 理清说理写作的能力要素

小学尽管是"说理文"写作的起始阶段，但也是学生说理表达能力训练的"黄金时期"，更是学生理性思维和理性精神培养的关键阶段。在这个阶段，"说理文"写作教学到底培养什么，应该发展到何种程度，语文教师对此应当有一个彻底的认知。结合新课标"思辨性阅读与表达"各学段的"学习内容"，笔者以为在小学阶段，"说理文"写作能力应当由四个要素构成。**一是说理话题的捕捉**。在学生的生活经验中，学生有不少诉求，但怎样的话题能够进入说理视野呢？其关键在于这个话题是不是"我"的独立发现，是不是"我"所在群体中很多人的潜在诉求，大家对于这个话题目前有没有达成共识。将"说理"放在自立、公义、亟待解决的问题上，这就是"负责任"的说理态度。**二是说理观点的提炼**。所持观点能否被清楚表达？所持观点能否稳稳"站立"？所持观点是否有一定的"事实"根据？让"观点"成为作者秉持的立场，成为所说之理的内核，这就是"有中心"的说理目标。**三是说理事实的效度**。说理是否有与"观点"匹配的"事实"加以印证？是否有多个不同角度的"事实"多方印证？"事实"的来源渠道是否真实可信？让"事实"成为"观点"的旁证、佐证和铁证，这就是"重证据地表达"的说理方式。**四是说理例证的过程**。在"例证"过程中，"事实"如何最有效地印证"观点"？多个"事实"如何有序排列才能让"观点"走向"共识"，让所说之理纵深递进，让说理过程循序渐进？这就是"有条理"的说理路径。这四个要素，是学生说理能力的增长点，也是小学"说理文"写作教学的着力点，更是学生说理能力的评估和考查点。因此，这四个要素也是实现"说理文"写作教学"教—学—评"一体化的具体表现特征。

---

① 吴勇.发展学生言语的"理智感"——统编小学语文教材"说理类"习作教学探讨 [J]. 小学语文教学，2021（5）:46—50.

在小学写作教学中，要建构起常态的"说理文"写作教学机制和课堂结构，让学生在有限的写作训练中培植说理表达意识，锻炼说理表达思维，形成说理表达反思，从而为下阶段的说理写作做好能力铺垫，为当未来社会的合格公民涵育素养根基。

第四章

"个体语言经验"：写作教学的新常识

自《义务教育语文课程标准（2022 年版）》颁布和实施以来，对素养取向下的语文学习任务群的研究热情空前高涨。在热潮之下，小学写作教学一直面临的基本问题逐渐淡出专家和一线教师的探究视野，基于语文学习规律而建构起来的一些小学写作教学底线思维和基本常识没有在这轮课改中得到应有的尊重。小学写作教学，如何在新旧理路更迭中固本，如何在多学科跨越中守正，如何在走向核心素养发展的正途上培元？笔者以为，要重回常识，坚守常识，在常识的基础上理性认识和科学实施新课标，从而建构起根植学科教学规律、立足学生"个体语言经验"发展的"写作教学地图"，让更多的一线教师按图索骥，在新理念的冲击之下保持清醒，在写作学习任务群的实践中保持定力，在新旧课标的交替中，找到课程理念的对接点，发现课程内容的融合点，创造学生表达的提升点。

第一节　基于"个体语言经验"的备课常识

无论面对什么课程，都得先备课再上课，这是教学常识。翻开一线教师的备课，与常态的阅读课相比，写作课的备课可谓相形见绌：阅读课备课翔实绵密到每个细节，写作课备课简单明了到只有框架。更需要精心准备的写作课，一直以来，几乎成了不少地区和学校教学观摩和竞赛的"法外之地"，更成为学校教学视导和展示的"遗忘角落"。特别是新课标将写作归于"表达与交流"，对于写作教学的直接表述只剩只言片语，这更对一线教师造成误导。因此，回归常识显得更为紧要和迫切。

一、资源常识

写作属于语言输出。在这个过程中，输出的不仅仅是写作内容，更是"个体语言经验"。在写作教学中，为了保障学生面对语篇写作任务时有足够的勇气和储备，教师就得有相应的写作资源常识。

1. 化学观察

在写作教学中，素材一直来源于学生的生活，正如新课标中所言："对写话有兴趣，留心周围事物""观察周围世界，能不拘束地写下自己的见闻、感受和想象""养成留心观察周围事物的习惯，有意识地丰富自己的见闻，珍视个人的独特感受，积累习作素材"。由此可见，"观察"是学生获取写作资源的基本路径和通道，这基本是所有教师的共识。但很少有教师知道，学生写作中所需要的"观察"与其他学科中的"观察"存在着明显的界限：其他学科的观察属于"物理观察"，即客观描述见闻；而写作中的观察则是"化学观察"，即在观察的内容中无拘无束地融入自己的"感受和想象"以及"个人的独特感受"，这是主观地描述自己的见闻。譬如在四上课文《爬山虎的脚》中对"爬山虎的脚"的两次观察：第一次是刚长出的脚，"反面伸出枝状的六七根细丝，这些细丝很像蜗牛的触角"；第二次是已经巴在墙上的脚，"爬山虎就是这样一脚一脚地往上爬，如果你仔细看那些细小的脚，你会想起图画上蛟龙的爪子"。"蜗牛的触角"和"图画上蛟龙的爪子"就是"化学观察"的极好体现。这样的描述，可以将作者的所见借助读者熟悉的事物描述出来，变成读者的所见；可以将作者的所闻借助读者熟悉的声音表达出来，变成读者的所闻。因此，在写作教学之前，应要求学生带着自己的独特想象和感受去观察，经过这种"化学反应"获得的表达资源，才是写作教学所需要的素材。

2. 搜集资料

传统的写作教学引导学生获取写作资源的方式主要是观察，但素养取向下的写作教学，写作资源的获取方式发生了质的变化。新课标倡导"有目的地搜集资料，共同谈论，尝试运用语文并结合其他学科知识解决问题""利用图书馆、网络等渠道获取资料，解决与学习和生活相关的问题"，如果将这些描述放置在写作教学视野下，就是"用资料写作"。在统编小学语文教科书中，三下习作7《国宝大熊猫》关于"搜集资料"的表述是这样的："初步学习整合信息，介绍一种事物"（单元表达要素），"这次习作，就让我们围绕这些问题，介绍一下大熊猫"（写作要求），"可以参考下面图表中提供的信息，也可以再查找资料，补充其他内容"（写作路径）。五下习作7《中国的世界文化遗产》关于"搜集资料"的表述是："搜集资料，介绍一个地方"（单元表达要素），"搜集资料—整理资料—撰写"（写作学习路径）。这是一种崭新的、前所未有的小学写作资源观，更是学生走向未来的写作常识。

二、学情常识

"写作学情必定是学生在学习某一具体写作知识、完成某一具体写作任务之前所具备的先拥状态……在面对具体的写作任务或进行写作学习时，学生必定要运用其中一部分知识经验和所学的内容发生关联，这些有关联的元素就成为学情。"① 没有学情意识的语文教师是缺乏教学常识的，没有学情分析的写作教学设计常常会因为缺乏常识而半路夭折。

1. 写作学情须具体描述

在写作教学备课之前，得对学情有一个充分而清晰的预估，描述得越发清晰、越发具体，写作教学设计对学生的写作学习就越有针对性。要达到这个要求，得有一个逐步逼近的过程：首先进行"面"上的学情扫描，通过班级学生在日常习作特别是与语篇写作任务同类的习作中的言语典型表现进行统计——哪些表现是优秀的，哪些表现是过关的，哪些表现是需要改进的，从而做到胸有成竹。其次进行"线"上的学情筛查，将学生在与语篇写作任务同类的习作中言语表现欠佳的地方，放置在同类语篇训练中进行考量——哪些是已经学过的、练过的，学生依然没有达标，需要继续学习；哪些在未来写作学习中还会遭遇，就暂且搁置。最后进行"点"上的学情定位——结合本次语篇训练任务，结合单元表达要素，那些没有达标的训练点，对完成本次习作到底会产生怎样的影响？是关键性的整体影响，还是枝节性的局部影响？从"面"及"线"再到"点"，范围逐渐缩小，真实的学情状况描述逐步从模糊走向清晰。

2. 写作学情须融入设计

一堂写作教学课应当应需而生，在教学设计时，应当将现实的学情作为教

---

① 邓彤.微型化写作教学[M].上海：上海教育出版社，2018:75，188.

学推进和突破的基础。对完成本次语篇写作任务有关键性整体影响的学情，应当作为"次生"的重点教学内容，成为单元表达要素落实的必然补充；对完成本次语篇写作任务有枝节性局部影响的学情，应当作为"衍生"的一般教学内容，在教学设计中应当充分预设，有应对的教学资源和教学策略。在基于单元表达要素的写作教学设计中，如果罔顾先前真实的学情，直接冲向眼前的要素性教学目标，就会导致教学设计成为无本之木，一直处于零起点，这是有悖常识的。

三、精准常识

每个任务语篇的写作教学，在目标上，不仅需要"教一篇，看一类"的整体意识，还需要"沿着一点教深入，教透彻"的精准意识[①]，甚至需要"细化语文知识与能力、方法和习惯等目标序列，力求做到目标精准，突出目标训练的连续性和发展性"[②]。因此，精准定位写作教学目标，走出"写清楚""写具体"等笼统指导的窠臼，这是小学写作教学的常识性法则。

1. 精准在"瞻前顾后"

一篇习作教材，在整套教科书中绝不是孤立的存在。"统编小学语文教科书构建的能力体系，试图体现出语文教科书的训练目标序列。"[③] 因此，在写作教学备课中，应当尊重这样的"训练目标序列"，将"一篇"习作放在整套教科书的"一类"习作中去审视。譬如"写信"，教材中安排了两次：第一次是四上习作7《写信》，其目标就是学写书信，了解书信的格式和基本内容；第二次是五上习作6《我想对您说》，其目标是"用恰当的语言表达自己的看法和感受"。前者侧重于书信格式，后者侧重于书信内容；前者关注书信的信息交流，后者强调书信的情感沟通。无论教学哪一个，都必须将这两次习作联系

---

① 吴勇. 精准知识：释放习作教学的"生产力"[J]. 人民教育，2015（11）：49—51.

② 陈先云. 统编小学语文教科书中语文要素的内涵及其特点[J]. 课程·教材·教法，2022（3）：28—37.

③ 陈先云. 课程观引领下的统编小学语文教科书能力体系的构建[J]. 课程·教材·教法，2019（3）：78—87.

贯通起来看，否则就会在教学目标上造成相互重叠和逾越。在一些写人、叙事、状物、写景、说理等类别的写作教学中，面对一篇习作，需要将整套教科书中的同类习作罗列在一起：前面已经教过、练过的，在本次训练中作为基础和起点，不再被视作核心目标；后面还要教学和训练的，在本次训练中竭力作为后续学习的铺垫。经过重复删除和远景切割，本次写作的教学目标和教学边界已经明确，落脚点和提升点已经呈现。

2. 精准在"可视可评"

在明确一个任务语篇的写作目标时，"目标"不是抽象的概述，应当是具体的描述，具体到每个在场的学生都可以清晰地看到"通过学习什么，抵达什么"。譬如六上习作8《有你，真好》，结合单元表达要素"通过事情写一个人，表达出自己的情感"，结合语篇写作要求（见右图），将教学目标预

习 作

有你，真好

"有你，真好"是一句让人感到温暖的话。凝视着它，那人、那事、那场景……就会慢慢浮现在眼前。

◇ 看到"有你，真好"这句话，你想到了谁？

◇ 为什么觉得有他"真好"？

◇ 哪件事或哪几件事让你感触比较深？

◇ 当时的场景是怎样的？

设为：借助具体场景中主人公的暖心话语、暖心举动、暖心神情以及自己的暖心感受，表达对主人公的真挚情感。这样的目标设定，"学习什么"应当是显性的，具体到某个表达策略和方法，具体到某个写作支架的搭建；"抵达什么"也很直观和明确。这样可视的目标，也让习作评价水到渠成（见下表）。在设定任务语篇的写作目标时，应当兼顾"评价"的可视可

评价内容		星级
选择具体事例		★
事例中有场景	暖心的话语	★
写出样子	暖心的举动	★

评价内容		星级
写清活动	暖心的神情	★
表达快乐	暖心的感受	★

行，这是教学设计的基本常识。就是说学生完成习作后，可以对照目标，对习作的达成度进行自我评价和相互评价，从而真正实现"教—学—评"一体化。可在备课实践中对这样的设计常识予以关注的一线教师实在是凤毛麟角。

四、例文常识

例文在写作教学中俗称"下水文"，现行的小学语文教科书将此板块称为习作例文。在习作备课中要备习作例文，是因为习作例文是习作指导的抓手，习作例文出现之时就是写作指导展开之时；是因为习作例文是学生写作学习的目标之例，是本次写作训练中学生的习作应当写成的样子和应该达到的水准。

1. 习作例文是"范本"

习作例文是学生从当下的"伙伴语"走向教学"目标语"的"中介语"①，是学生写作学习发生和思维能力发展的现实载体。要完成语篇写作任务，到底写什么？习作例文的表达内容就可以带来启发，可以对每个学生的个体生活进行"相似唤醒"，这就需要习作例文具有强大的召唤力，能够引起学生兴味盎然的关注，能够引发学生由此及彼的发现：这样的经历、故事、事物我也有。要完成语篇写作任务，到底该怎么写？习作例文的结构形式可以带来帮助：关于可以分几个部分来写，哪一部分是重点内容，这部分可以写到什么程度，例文就是一个模仿和超越的"操作标杆"。这样的功能需求，给习作例文的选择带来极高的要求：一方面，内容上要体现学生当下生活经验，让学生喜闻乐见，并且"人有我有"；另一方面，语言上要鲜活生动，稍微高于学生现有的"个

---

① 章熊等.和高中老师谈写作教学[M].北京：人民教育出版，2012:108.

体语言经验"。选好适宜的习作例文，写作教学备课就几乎完成了一半。

2. 习作例文是"母本"

习作例文担负着提炼与供给学生完成语篇写作任务所需要的写作策略和方法的重任。基于此，习作例文是单元表达要素实践化的样本，体现着写作方法和策略在语篇写作任务中的具体操作。教师就要带领学生走进习作例文，将它作为精准写作知识开发和生产的"母本"，通过教学对话和思维导图，将疏通和突破学生语言表达障碍、改进和优化学生言语结构的写作方法和表达策略从中开掘出来，为学生完成本次语篇写作任务提供刚性的技术支持。因此，作为引动学生"个体语言经验"提升的习作例文，作为超越学生已有写作经验的习作例文，它为学生的写作学习发生展现了直观场景，为学生的言语发展提供了先验性轨迹。

第二节　基于"个体语言经验"的指导常识

写作教学，一个最基本的常识就是要让学生的语言表达水平得到实质性提升，这是课程价值使然。即便是这样的常识，也难以成为很多一线教师的共识。当下的写作课堂主要呈现出三个特点：一是写作指导零起点，同一类型的习作，三年级和六年级的教学内容几乎一致，年段的阶梯性无法得到体现；二是很多的写作课都在教毫无"语力"的静态写作知识，对写作知识的动态运用却少有涉及，教学成了"无用功"却不自知；三是教学立足整篇，而不将与单元表达要素和真实学情紧密相关的关键段落作为重心来教学，教学的空间利用效率较低。因此，重建与重申写作指导课的常识刻不容缓。

一、预写常识

小学写作课重在"作前指导"还是"作后讲评"，有段时间争论很激烈。笔者觉得这样的争论毫无意义，因为好的写作课常常两者兼顾。在写作指导课上，只要存在着"预写"环节，那么就会存在着习作讲评，讲评过程本身就是写作指导的一部分。

1. 尝试性预写

如果在一个具体的语篇写作任务中，教师无法预估学生的学情，不知指导从何入手，此时不妨放缓"教"的步伐，让学生进行尝试性"预写"，然后在"预写"的基础上展开指导。譬如教学三上习作4《续写故事》时，直接让学生想象第四幅图的画面，并用文字写下来。将学生"预写"的作品作为习作例文展开教学，让不同层次的作者交流这样写的"根据"，使每个学生明白，"续写"不是信马由缰地胡乱写，而是有根有据地猜测写。教学三上习作3《我来编童话》和三下习作5《奇妙的想象》时，都可以让学生进行"预写"，然后基于真实的学情进行指导方案的选择和实施。尝试性"预写"一般面向全篇，形同"大海捞针"。

2. 针对性预写

在写作指导课上，教师还可以直面与单元表达要素相关的重点段落，引导学生结合以前所积累的"个体语言经验"进行尝试性"预写"。譬如六上习作7《我的拿手好戏》的重点内容是"好戏展示"这一关键板块，教学时先让学生运用曾经学过的"叙事"和"写人"写作策略和方法（选择典型事例写人、细节描写、侧面烘托）进行自主写作，然后在学生"预写"的基础上，进行写作指导：借助例文片段，让学生发现，与"拿手好戏"契合的细节和烘托有一定的特质，要写出"拿手好戏"就得写出"熟练动作""自信话语""镇定心理"以及"观众反应"。对细节和烘托作出清晰的限定，其实就是与语篇写作任务最适切、最吻合的指导。在此基础上，再引导学生对"预写"段落进行二度修改。以"预写"暴露真实学情，以真实学情为基础开发精准的写作支架，以写作支架引动学生的言语品质提升。针对性"预写"常常面向核心段落，如同"定向爆破"。

二、支架常识

对教师而言，"写作教学要从结果教学法向过程教学法转变，应当强化教师的支架设计意识。支架兼具知识内容与形式的双重特性，可成为教师摆脱写作知识困境和知识教学困境的一个突破口"[①]。对学生而言，"学习者之所以

---

① 叶黎明.支架：走向专业的写作知识教学[J].语文学习，2018（4）：56—61.

需要支架，是因为学习者的认知结构或能力结构存在着不完整和不稳定的现象"①。由此看来，支架对写作教学的"教"和"学"都有益处，能让双方共赢和共生。运用支架开展写作指导应当成为一种常识。

1. 支架的结构性

写作是学生对积累的语言进行个性化"调用"和"拼接"的过程。特别是"拼接"过程大多依照学生自身的"个体语言经验"，当已有的经验难以为继时，"支架"便应需而生。它以问题、例文、导图、框架的面目出现，以崭新的言语结构呈现，帮助学生改进或重建言语思维秩序。在四上习作7《写信》教学中，学生初次写信，对信的认知比较含糊，此时可以借助教材中的例文，帮助学生提炼出一封常态"书信"的言语结构（见右图）。这样的结构性支架，对学生初次完成习作，建立关于书信的"个体语言经验"具有突破性意义。对于一个具体的语篇写作任务，教学提供的

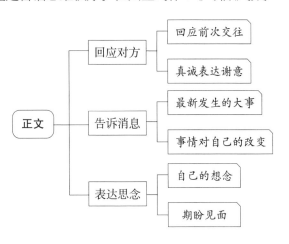

支架可以面向全篇，譬如初次写作某种文体或语体时；也可以面向局部的关键段落，譬如同种类型的习作已经写作多次，本次习作只是面向单元表达要素的局部提升时。结构性支架负责提供言语思维指向，因此，支架搭建的密度越高，语篇写作目标的达成度就越高。

2. 支架的环节性

在写作教学中，支架从来不是形单影只的，它常常伴随着真实而复杂的学情而预设和创生。一堂写作课拥有立意、选材、组材、导写、评改等环节，在

---

① 邓彤.微型化写作教学[M].上海：上海教育出版社，2018:75，188.

不同的环节中，只要学生遭遇到困境，支架就会即时搭建，并且在形式上呈现出多种样态。在这些支架中，指向单元表达要素落实的支架一定是核心支架，它属于本次语篇写作任务中关键的一环。在众多环节性支架中，因为语篇写作任务的差异，学生的需求并不一致，但唯独针对关键段落的要素支架不可或缺；紧随其后的是每次写作教学中必然压轴的"元认知支架"，也就是对接要素支架的评价量表，它能促进学生对写作进行实时反思，能帮助教师对教学进行及时反馈。教什么（支架），就写什么（支架支持下的关键语段）；教什么（支架）就评什么（匹配支架的量表），从而使得环节性支架之间形成关联和合力，从而保证语篇写作目标的实现。

三、过程常识

一堂写作课，必须体现一个核心教学目标从提出到实现的全过程；一篇习作教学，必须展现一个完整语篇写作任务从起点到终点的全过程。前者我们称之为"语段指导过程"，是小过程；后者我们称之为"语篇指导过程"，是大过程。

1. 语段指导过程

学生面对一个崭新的语篇写作任务时，并不是一无所知的，他们只是对其中的某个关键段落写作存在着思路阻塞。譬如四下习作5《游___》，教材提出了三条写作要求：（1）可以先画出游览路线图，帮助自己理清思路；（2）印象深刻的景物要作为重点来写，注意把它的特点写出来；（3）可以用过渡句，使景物的转换更自然。在这三个要求中，将重点景物写出特点显然是本次语篇写作任务中的关键段落，也是本次训练着力突破的学情障碍。在本堂习作课上，教师聚焦教学"火力"，借助习作例文开发出"联想熟悉画面""画面有序转换""多重感受衬托"这三个写作策略，引导学生将"印象深刻"的景物的"特点"清楚写出来。瞄准单元表达要素，扫除现实学情障碍，这是一次完整的写作训练中最为核心的教学环节，其本身就是一次微型的写作教学，"教—学—评"一体化也运行其间。这一聚焦"特点"的写作教学过程，对学生现有"语力"具有刚性提升的作用。

2.语篇指导过程

着眼于整篇的写作指导常常跨越一堂课，甚至需要经历一个周期。继续以四下习作5《游＿＿＿》语篇写作指导为例，它主要分为三个阶段。首先是"前写作准备阶段"——就是为本次写作任务进行素材筛选和梳理：你曾经游览过哪些地方？选择一处印象最深的景点，根据记忆画一画游览路线图，根据游览路线图整理当时拍摄的照片。其次是"关键语段指导阶段"——结合照片想一想，在这个景点当中，哪个景物留给你的印象最深？这个景物与本景点中的其他景物相比有什么特点？运用以往累积的写作经验与本堂课即时学习的写作策略将这些特点写清楚，运用评价量表进行自我修改和相互修改。最后是"后写作展评阶段"——按照游览顺序，分别写出其他景物的特点；在不同景物描写的段落之间插入过渡句；用本篇习作为一处景点制作微信"美篇"，可以在文字之间插入相应的图片；为每个学生的"美篇"统计浏览人数和点赞人数，评选最佳"美篇"。从"作前"到"作中"再到"作后"，项目化地呈现了一个具体语篇写作任务的实现过程，以及教师在其中不断引导学生"做文章"的过程。

四、高位常识

在常态的写作教学中，如果有写作指导的真正发生，得有一个前提性条件，那就是教师是一个会写作、懂写作甚至爱写作的人。只有"以师昭昭"方能"使生昭昭"。如果没有这样的高位指导，学生的写作学习依然会原地打转，学生的语言经验就会落入窠臼，毫无走向"个体"和"个性"的可能。

1.生产支架的高位

教科书的每篇习作都被编入相应单元中，每篇习作教什么和练什么，得听单元表达要素的安排。可单元表达要素一直是一个模糊的呈现。譬如五上习作8《推荐一本书》，单元表达要素是"根据表达的需要，分段表述，突出重点"，基本上看不出它与"推荐一本书"的语篇写作任务有何关联；再深入语篇写作要求，似乎有些明朗："推荐理由可以只写一点，也可以写几点。注意分段写。把重要的理由写具体"，如内容新奇有趣、语言优美生动、情节曲折离奇、人物个性鲜明、思想给人启迪。但从习作要求描述到具体而有针对性的课堂指导，中间需要一个最富技术含量、最能体现教师指导艺术的环节，就是"生产"写作支架，让每条理由都指向"表达需要"——推荐："奇异特征竞猜"，针对书中主要人物做推荐；"离奇情节揭疑"，针对书中精彩章节做推荐；"作家信息冲击"，针对本书作家做推荐……每种策略都是一个可以直接走向实操的言语支架，直接将表达要素和习作要求转化为学生优质而便于输出的"个体语言经验"。教师个体丰富而独到的写作经验在写作支架的提炼和创生中有着得天独厚的优势，他们用自己的个体写作经验去培养学生的个体表达经验，用自己的语言个性去孕育学生的言语个性。

2. 互动生成的高位

写作指导的过程，其实就是师生互动生成的过程。在教学中，教师要有一双敏锐的眼睛，能一下发现学生字里行间的"闪光"表达，即时肯定和赞赏：小到一个关联词、一个传神的动作、一个贴切的成语，大到一个富有新意的比喻、一个自然流畅的过渡句、一句充满趣味的话语。在教学中，教师还要有一双灵敏的耳朵，如果学生在对话中出现了预设之外的回答，哪怕是一句自言自语的嘀咕，教师也千万不要绕过去，而要顺势追问，可能写作支架就此得到改进和完善，新的写作支架就此得以开掘和创生。教师只有站在教学的高位，才能发现学生典型的言语表现，才能俯瞰现场教学的可能走势，才能预见学生思维深处可能出现的精彩。教师在写作指导中高位的理答表现和生成智慧，是一次写作训练的创造性重构，是学生"个体语言经验"升华的关键性变量。

第三节　基于"个体语言经验"的讲评常识

在不少教师眼里，从指导到写作，再到批改，基本上走完了一次习作教学的流程，教学可以就此落下帷幕。可事实上，学生"个体语言经验"提升的"风口"和"峰谷"远没有到来。因为习作讲评与习作指导是写作教学过程中的两大重要节点，习作讲评是习作指导的再升级、再深化，将习作指导的粗放型"言语框架"引向精细型"言语网格"，让写作指导延伸到学生的语言脉络和神经中去。可惜对这样的教学常识，只有少数写作教学经验丰富的教师才有切身体会。

一、交往常识

在写作讲评课中，能够进入教学层面的习作篇目较少，而且都是典型片段。要让全班学生深度卷入，就需要创设丰富的语用交际情境，让"作者"和"读者"在课堂上实现对话。写作的最根本目的就是言语交往，从严格意义上说，每位写作者在用文字表达时，心中应当非常明确：这篇习作写给谁读？为什么要写？用什么样的方式来写才能说服和打动对方以达成目的？写作讲评课就是要还原这样的交往情境，让习作修改回归到更好地实现言语交往这个"初心"上来。

1. 做"有角色"的作者

如果每篇习作都带着交往目标，都面向读者，那么学生在写作过程中，就应当有明确的角色进入语言表达中去。譬如六下习作1《家乡的风俗》教学，可以创设"为家乡风俗申请非物质文化遗产"这样的交往情境，此时每个学生就能以所选风俗的"非物质文化遗产"传承人的角色进入写作，本次语篇写作任务自然成了家乡某项风俗的"非物质文化遗产"申报书，习作讲评就成了"非物质文化遗产"传承人与"非物质文化遗产"评审人之间的答辩；再如五上习作7《___即景》教学，可以创设"为某即景视频写解说词"的交往情境，本次语篇写作任务就成了"即景视频解说词征集活动"，每个学生就成了"即景"视频的撰稿人，习作讲评活动就成了"即景"推介人与广大网络受众的互动交流。让写作者以具体的角色身份进入写作中，他在写作过程中就会肩负角色使命，就会考量角色措辞，就会千方百计、竭尽所能地运用最适宜的表达策略和方法，用自己最完美的语言形式和内容将任务语篇呈现在读者面前。

2. 做"高站位"的读者

传统语境下的写作讲评课，大多数学生就是旁观者，教师呈现的优秀或问题习作，似乎与他们的关联性不大。基于交往情境的写作讲评课，将"大多数"学生裹挟其中，让他们在明确的角色任务中自觉自愿地完成了二次写作学习。"作者"和"读者"在讲评课中需要呈现出鲜明的角色"落差"，因为有"落差"，才能蓄积互动之"势"。在"作者"和"读者"的角色落差中，"作者"一直处于弱势，属于有诉求者；而"读者"则处在"上风"，对"作者"的诉求表达进行评判和应答。因为"读者"站位较高，因此互动的欲求分外强烈，他们会从不同角度对"作者"的任务语篇进行负责任、有立场的审视。其实就是基于交往目的和调用自己在本任务语篇写作学习中获得的经验，对"作者"的习作进行全方位的考查和评判，然后发表自己的意见和建议——或认同，或建议，或反对。这个"审视"的过程就是写作学习再发生的过程，就是"个体语言经验"再生长的过程。

二、量表常识

写作讲评到底讲什么、评什么？如果没有正确理清这个问题，讲评点就会全面开花，纷乱如麻。新课标强调的"教—学—评"一体化给写作讲评课的教学目标和内容进行了明晰定位，那就是紧扣写作目标进行"讲评"，教什么就练什么，练什么就评什么。而实现写作讲评课"教—学—评"一体化目标最便捷的方式就是"评价量表"，即将写作教学目标切分成若干个界限明晰的"点"，将这些"点"有逻辑地排列，并赋予相应的星级。用"评价量表"引领写作讲评课的方向，应该成为当前写作教学的基本常识之一。不妨以四下习作1《我的乐园》讲评课为例，具体探讨不同教学层次的评价量表。

1. 指向篇章"完成度"的量表

写作讲评课的第一个层次，是面向任务语篇整体的，看习作是否做到了语篇完整。习作《我的乐园》在语篇上提出了这样的要求："你的乐园是什么样子的？你最喜欢在那儿干什么？这个乐园给你带来了怎样的快乐？把你的乐园介绍给同学吧。写之前，可以照样子填写下面的表格。"表格分为四个板块：乐园的地点、乐园的样子、乐园里的活动、乐园带来的快乐。下面这个表格（见表1）呈现出这篇习作的整体概貌和框架，因此在讲评课上，评价的第一步就是提供这样的量表，引导学生考查自己习作的完成度。这样的互评和自评，有效地保证了任务语篇写作的完整性。

习作《我的乐园》评价量表1

评价内容	星级	自评	互评
交代地点	★		
写出样子	★		
写清活动	★★		
表达快乐	★		

2. 指向段落"达成度"的量表

在写作讲评中，仅仅考查语篇的完整性是远远不够的，因为每篇习作在教材的整个能力体系中只是一个具体的训练点，本次习作主要练什么，这才是写作评价的落脚点所在。而本次习作主要练什么呢？这是由单元表达要素决定的。四下第一单元的表达要素为"写喜爱的某个地方，表达出自己的感受"，显而易见，表达自己对某个地方的喜爱感受，是训练的着力点。在语篇的四个板块中，"乐园里的活动"是学生身体力行的，也是作者最想介绍给同学的，因此，写出乐园活动之"乐"就是本次习作的评价中心，此时就需要指向局部细节的评价量表2（见表2）。在量表2的指引下，学生对活动段落中关于"开心动作"和"快乐声音"的描写进行自评和互改，相互学习，彼此借鉴，指向单元表达要素的训练在此获得真正的落实。

习作《我的乐园》评价量表2

评价内容		星级	自评	互评
交代地点		★		
写出样子		★		
写清活动	开心动作	★★		
	快乐声音	★★		
表达快乐		★		

3. 指向细节"完美度"的量表

一堂优质的写作讲评课，除了要实现提升全体学生表达力的目标，还需要将部分学生引向深度的写作学习，让他们经历穿越言语皮肤、深入言语肺腑的"细节完美"表达的实现过程。这是写作支架的三度延展，是写作学习的深度发生。长期以来，写作讲评课变成了"习作赏评课"，将更多的精力集中在极少数优秀习作的展评上，"沉默的大多数"在此获得感不强。如果在"赏评"

的过程中，能够对极其优秀的习作或者极其优秀的习作片段进行支架提炼，形成评价量表 3（见表 3），就可以让个别的优秀转化成"大多数"的优秀。尽管这样深度的开发和引领基于班级顶尖习作呈现出来的优质言语结构，但可以让全体学生直观而真切地发现，每个人的言语都有抵达高处的可能。

习作《我的乐园》评价量表 3

评价内容			星级	自评	互评
交代地点			★		
写出样子			★		
写清活动	开心动作	连贯动作	★★		
		丰富动作	★★		
	快乐声音	话语欢呼	★★		
		事物拟声	★★		
表达快乐			★		

三、补丁常识

语篇写作任务教学不是"一锤子买卖"，不要指望通过一次写作指导课就可以百病全消，万事大吉。这就给写作讲评课留下了教学空间，特别是深度解决典型写作问题的空间。教师在走向写作讲评课的同时，必须找到解决问题的"补丁支架"，为典型的写作学习问题提供翔实的解决方案。如果教师的讲评课没有"补丁"意识，还"死抠"指导课上的教学内容不放，再次进行重复叠加的教学，写作讲评课就失去了应然之义。下面以六上习作 7《我的拿手好戏》的讲评课为例，来探讨"补丁支架"基本特征。

1. 补丁的下位性

顾名思义，"补丁"具有弥补之前教学缺陷之意，这就决定了较之指导课，写作讲评课必须有更为下位的教学内容开发，以对前面写作支架存在的"空白"进行更为密集的"编织"。在《我的拿手好戏》语篇写作中，笔者发现大多数学生在写表演"拿手好戏"时，不约而同地用了一组动作，譬如

写"捏陶泥"："我的手像变魔术般捏着，不一会儿，小块泥土在我手中就变成了一个栩栩如生的小人，我端详了一会儿，又用小刻刀在她的裙子上划了几刀，顿时，一条普通的长裙就变成了迎风飘扬的百褶裙。"尽管有"捏""划"这两个动作，但作为"拿手好戏"所必备的"熟练动作"并没有充分展现出来。于是笔者引入了课文《刷子李》中刷墙的片段描写，让学生去感受和发现"熟练动作"的写法——作家冯骥才写出了"动作轨迹""动作节奏""动作声音""动作效果"（见上图），让"熟练"密不透风，让"熟练"淋漓尽致。"补丁支架"就此生成，以此引领学生对上述语段进行修改，并进而对各自习作语段中关于动作描写的语句进行修改和优化，让重点内容更加具体和生动。因此，写作讲评课上，学生的"个体语言经验"能否真正得以生长，与"补丁支架"下位开发的程度深浅休戚相关。

2. 补丁的贴合性

"补丁"不是预设出来的，是根据学生在任务语篇写作中显露出来的真实学情而作出的及时性应对策略。所以，"补丁"是紧紧"贴合"学生需求，真正能"缝合"学生的言语断裂的。写作指导课中，所开发的写作支架哪个枝节出现了"语力疲软"，就需要在后续的讲评课上生产出针对性的"补丁支架"进行"语力加持"。"补丁支架"不是没有限制的掘进，不是基于"艺术表达"的追求，而是为了更加瞄准语篇写作任务的主旨，让原本含糊不清甚至重复叠加的表达变得通透清楚。这就需要"补丁支架"的"母体"离学生的生活和写作经验很近，可以是本套教材中的课文片段，可以是从本次习作中脱颖而出的优秀片段，还可以是学生耳熟能详的儿童文学作品片段，总之要属于学生"个

体语言经验"的"最近发展区"。"补丁支架"从学生熟悉的世界中来，再回到他们的现实写作实践中去，这是对已经获得的"语力"进行查漏补缺，进行时空延展，而不是对语篇写作任务所在的单元表达要素进行拔高和僭越。

四、欣赏常识

优秀的习作是教出来的，是改出来的，当然还是欣赏出来的。在小学这个学生开始学习写作的阶段，对学生的言语表现保持欣赏的姿态，这本身也是一种写作指导和讲评。当然，这是建立在一个语文教师善于发现学生的习作亮点，懂得将习作亮点以"切片"的方式呈现在大多数学生面前，让他们体会到这样表达的新鲜和独到这个前提上的。一个不懂得欣赏习作的教师，最喜欢将他认为的"好词好句"一股脑儿摊在学生面前，仅仅作出"写得好"的廉价赞赏，而对潜藏在"写得好"背后的言语密码无动于衷，避而不谈。这是有悖欣赏常识的。

1. "分层式"欣赏

处在写作学习中的学生，每个人都打心底渴求被欣赏。语文教师应当主动"迎合"这种渴求，让处在不同写作学习层面的学生都得到恰如其分、恰到好处的欣赏。对于写作表现一直很优秀的学生，应当将语言表达的"独特处"作为欣赏点，例如一个富有新鲜感的修辞，一个与众不同的表达视角，一个充满个性体验的感受，教师在讲评课上要旗帜鲜明地进行赞赏，让作者的言语创造力生生不息。对于写作表现一般的学生，应当将语言表达的"丰富处"作为欣赏点，例如对一个事物样态的详细描述，对一个生活场景的生动呈现，一个真实内心活动的自然倾泻，教师在讲评课上要逐字逐句地进行赏评，让作者感受到教师对其语言的真诚呵护。对于写作水平较弱的学生，应当将语言表达的"闪光处"作为欣赏点，例如一个动词、一个成语、一个修辞、一句对话，只要出彩，就得大张旗鼓、不吝言辞地进行"花式"赞赏，让作者体会到写作的尊严和价值，重拾写作的信心。

2."命名式"欣赏

写作讲评课有个重要的环节就是分享优质的"语力作品"，让在场的每个学生都获得"语力"提升。怎样让优质的"语力作品"实现班级共享？行之有效的方法就是"写法命名"。完成一个具体的语篇写作任务后，教师对标单元表达要素，将达成要素的不同视角、不同关键语段罗列出来，逐一进行欣赏，并且师生合作，将隐藏在语段之后的个性表达支架提炼出来，以这个作者的名字来命名，诸如"李健情景交融法""张子琪自问自答法""吴青扬画面活动法"此类。将"写作法"冠以人名，是笔者多年来较为成功的写作教学实践之一，这样的"命名式"欣赏，一方面可以对作者的"言语创造"进行高强度的鼓励，这对他们未来写作之路所产生的激励作用是不言而喻的，甚至会成为他们学习生涯中最美好的回忆；另一方面，将一种写作策略以班级学生的名字固定下来，充满亲切感，便于学生将其内化为"个体语言经验"，也便于输出和运用；与此同时，也会召唤更多的学生产生创造自己的名号"写作法"的野心和梦想，写作学习的动力就此倍增。

第五章

"个体语言经验"：写作教学新探索

"语文学习任务群"是遵循学生的身心发展规律和"个体语言经验"的形成逻辑而形成的课程内容组织形式和呈现方式。基于"个体语言经验"发展的写作教学，着眼于统编小学语文教材单元整体，以单元学习主题为写作学习任务群的建构主题，大力倡导学习任务群视野下的"单元习作练课堂"。"单元习作练课堂"立足单元表达要素进行整体规划，以"靶心"训练为核心，瞻前顾后，向前"铺垫"，向后"补偿"和"提升"，大力彰显出统编小学语文教科书读写并重的编排特色。"单元习作练课堂"通过对标单元表达要素的"语文现象"发现，践行单元表达要素的写作活动设计，针对单元表达要素的"个体语言经验"重构，从实践层面描述了单元表达要素在单元整体教学中借助"语言现象"这个"落点"，通过系列写作实践活动"落地"，最终在学生语文素养上"落实"的完整过程。

第一节 "教材—情境—活动"：
"单元写作学习任务群"的构建

　　"'语文学习任务群'以任务为导向，以学习项目为载体，整合学习情境、学习内容、学习方法和学习资源，引导学生在运用语言的过程中提升语文素养。"[1] 从"项目""整合""过程"等字眼中不难看出，"语文学习任务群"着眼于教学的"整体性"，倡导整体设计，看重整体训练，追求整体发力。统编小学语文教科书，无论是指向能力体系构建的整体编排，还是明晰训练要点的单元表达要素，与"语文学习任务群"之间都存在着共同的内核。因此，在统编小学语文教科书单元内构建"写作学习任务群"，从单元整体的角度规划瞄准单元表达要素的训练点，回归语文课程的实践性本质，还原学生"运用语言"的学习过程，让单元语文要素特别是表达要素落地生根，是当下小学语文教学变革的一个重要转向。

一、教材基础："单元写作学习任务群"的构建逻辑

　　"单元写作学习任务群"，是以统编小学语文教科书的基本单元为构建基础的。它以单元表达要素为基点设计下位的写作训练点，从单元教材的编排特点

---

　　[1] 中华人民共和国教育部.普通高中语文课程标准（2017 年版 2020 年修订）[M].北京：人民教育出版社，2020：8.

出发选择匹配的写作学习资源，借助单元的基本板块开展相关的写作活动。

1. 基于单元教材资源构建

统编小学语文教科书 3—6 年级的每个单元都是由精读课文、略读课文、口语交际、习作、语文园地这几个板块组成的。在除习作单元的其他单元中，表面上只有习作与表达要素相关，可是事实上，每篇课文、口语交际、语文园地，都与表达要素存在着千丝万缕的关联，它们的整体或局部都可以成为写作学习的发生地，都可以成为写作教学活动的承接点。所以，"单元写作学习任务群"的开发与设计要点，在于对单元教材做深度解读，在于把握单元教材与读写要素之间的关联，从而将写作学习任务群合理地根植于单元之内，将写作学习巧妙地潜藏在各板块的阅读与鉴赏、表达与交流、梳理和探究之中，通过单元内各板块教学子目标的达成来完成整体的"群"目标。

2. 基于单元表达要素构建

关于单元语文要素，统编小学语文教科书执行主编陈先云是这么解释的："所谓语文要素就是语文训练的基本元素，包括基本方法、基本能力、基本学习内容和学习习惯。"[①] 不难看出，单元语文要素与"语文训练"密切相关，是单元语文教学的关键点与着力点，也是学生单元语文学习的薄弱点和提升点。"单元写作学习任务群"最鲜明的线索和内核是表达要素，它所设计的一系列训练任务，是从不同维度、不同层次、不同阶段来逐渐将单元表达要素置身于不同的语篇、不同的训练情境、不同的目标指向中，从而让单元表达要素知识化、操作化、技能化的。"单元写作学习任务群"有一个更直接的功能，就是让单元表达要素落地的过程和路径清晰地呈现出来，让学生的写作能力提升"有形"，让学生的表达素养发展"有声"。

3. 基于写作实践活动构建

学生的语文学习，不是简单地学习语文知识，而是要学习语文知识的运用。

---

① 陈先云. 课程观引领下统编小学语文教科书能力体系的构建 [J]. 课程·教材·教法, 2019 (3):78—87.

这样的"语用"属性决定着语文学科的学习，包括写作学习，应当置身于语文实践活动中，力求"在写作中学会写作"。基于此，"单元写作学习任务群"从本质上看，就是由一系列写作任务连缀成的写作实践活动"群落"，而单元教材，则为写作活动提供一系列"原材料"。写作活动的内容就是对这些"原材料"进行加工：或者就此拓展，让教材内容有了更多的内涵和细节；或者就此转化，让教材内容有了更多的维度和视角；或者就此叠加，让教材内容有了更多的生发和功用；或者就此组合，让教材内容有了更多的创造和新奇。根据单元教材的分布格局，每个写作实践活动变得相对完整和独立，但它们之间存在层阶高低、容量大小、视角远近等区别，因而不可替代、无法逆转。"各项目整合各种课程资源，联结学习情境与生活情境，组建学习共同体，最终指向语文学科核心素养。"①

以教材为基础的"单元写作学习任务群"，让单一的习作训练变成一个相对完整的写作训练系统，让原本指向阅读的教材文本变成阅读与写作功能兼顾的综合性文本，让单元内原本相对独立的教材板块资源整合，训练优化升级。

二、环境沉浸："单元写作学习任务群"的情境创设

"单元写作学习任务群"将写作活动绵延化，将一次训练拓展为多次，这是否会给学生带来"过度写作"的身心倦怠？是否会造成学生"过度消耗"的知识疲软？"在真实的写作情境中，情境本身可以激发写作者积极主动地调动、组织自身的知识储备。"② 由此看来，真实的写作情境可以成为"单元写作学习任务群"的强大环境背景，可以有力解决其实施过程中身心与技术的双重难题，让学生沉浸在写作学习之中。

但是，支撑起写作学习任务群的不仅仅是真实的情境。写作学习情境主要分为两类，一类是包裹在写作学习活动之外的"真实情境"，它建立了写作学

① 陈罡.从研究性学习视角谈语文学习任务群设计[J].语文建设，2018（12）：4—7.

② 邓彤.微型化写作教学研究[M].上海：上海教育出版社，2018：39.

习与真实生活的联结，强调写作学习的真实环境、真实任务、真实评价；另一类是潜藏在写作学习过程之内的"认知情境"，在"单元写作学习任务群"的相关资源中嵌入写作知识，培养学生对写作知识的理解、运用和迁移能力，是其设计的核心目的。在"单元写作学习任务群"设计中，"真实情境"需要融入"认知情境"，即在鲜活而真实的生活情境中，在与自身生活相关联的任务驱动下，通过写作主题引领的深度理解、迁移和应用，发展学生语文言语实践能力，培养其语言建构与运用的核心素养。①

1.认知情境："单元写作学习任务群"的内在运行

统编小学语文教科书每单元紧扣单元读写要素，在内容编排上就形成"天然"的"理解—迁移—应用"写作学习"认知情境"基本模块。以五下第四单元为例，借助教材中的单元导语和语文园地中的"交流平台"，我们就可以将"镶嵌"在本单元的读写知识清晰地梳理出来；再借助单元选文的"文后练习""习作"以及语文园地中的"词句段运用"，我们就可以准确把握基于"认知情境"的单元语文读写活动的真实状况和教学过程（见下表）。

教材认知情境	统编小学语文教材五下第四单元：借助动作、语言、神态的描写，体会和表现人物内心。		
理解：获得新知识	1.抓住动作、语言、神态的描写，可以体会人物的内心。	2.通过动作、语言、神态的变化，可以感受人物内心的变化。	3.借助人物外在表现与日常状态下的变化，可以表现人物瞬间的内心状态。
迁移：使得新知识适应新任务	从课文中找出描写毛主席动作、语言、神态的语句，体会他的内心世界。（P58）	从课文中找出对沃克医生动作、语言、神态的描写，体会他的内心变化。(P61)	下面的句子写出了人物与平时不同的表现，体会它们的表达效果。(P67)

---

① 赵晓霞，王光宗.学习情境：撬动语文学习任务群的支点[J].中学语文教学，2021（7）：4—8.

应用：检视运用新知识能否解决新问题	习作：《他____了》。 要求：通过一个人在一件事情中令人印象深刻的外在表现，反映出他当时的心情。	语文园地中的"词句段运用"："焦急地等人""期待落空""久别重逢"，选择一种情景，通过描写人物外在表现表达他内心的情绪状态。

由此可见，认知情境架构的往往是"教材"，它展现的是知识运行的大致走向与基本轨道。它站在知识学习的维度，借助第一次文本学习理解写作知识，借助第二次文本学习迁移写作知识，借助"习作"和"语文园地"的表达任务运用写作知识，就此将学生的阅读学习与表达学习贯通起来。"认知情境"让写作知识搭载在具体的文本语境中，便于学生理解、迁移和运用，这是教科书编写的内在逻辑，也是馈赠给学生写作学习的最大礼物。

2. 真实情境："单元写作学习任务群"的外在活动

如果"认知情境"架构的是"教材"，那么"真实情境"构筑的就是"学材"，引领写作学习走向写作实践活动。教材提供了课堂学习的基本内容，它的编排方式适合学生开展写作学习。但是要让学生积极主动地接受学习任务，成为写作学习的主体，就需要让写作与学生的生活和精神发生关联，让学生有代入感，让学生成为一个有具体担当的角色，这就需要营造具有感染力的"真实情境"。还是以五下第四单元为例，可以为学生的写作学习创设这样的"真实情境"：

真实情境 1：当当小老师。如何让小学低年级小朋友喜欢和理解《闻官军收河南河北》这首古诗？

真实情境 2：当当主人公。（1）多年后，"军神"刘伯承写回忆录，他会怎么讲述他与沃克医生的这段往事？站在他的角度写写这个章节。（2）多年后，沃克医生回到德国，有记者专程采访他，向他了解"军神"的由来。请站在沃克医生的角度，说说这段往事。

真实情境 3：当当小画家。你身边的哪个人"翻脸比翻书更快"？他身上最有代表性的情绪特征是什么？请用文字为他这种典型的情绪特征画一幅图。

"真实情境"的创设，让写作学习不再成为一种机械的"任务"，而转变成一种富有人情味、带有责任感、充满表达欲的学习活动。学生在"真实情境"中获取了写作知识、练就了写作能力，一旦遇到新的写作任务，他们就可以毫无阻隔、自觉自如地进行回馈和调用。当然，"真实情境"的创设需要融入多重视角：可以是学生的个人生活视角，也可以是学生所在社会生活的视角；可能是家庭生活视角，也可能是学校生活视角；也许是学生触摸的现实世界视角，也许是学生憧憬的虚拟世界视角。

沉浸在写作情境中的"单元写作学习任务群"，"认知情境"是它的内在运行，"真实情境"是它的外在活动；"认知情境"是它的内在事理，"真实情境"是它的外在情理。"认知情境"让它充满着理性逻辑，"真实情境"让它透显出感性力量。将"认知情境"贯通写作学习过程，用"真实情境"开启写作学习活动，只有两者充分融合，"单元写作学习任务群"才会成为一个相对完备的课程组织，才会是读写交融的学习共同体。

三、活动开发："单元写作学习任务群"的内容搭建

"单元写作学习任务群"以写作任务为导向，以写作学习活动为载体，整合写作学习情境、写作学习内容、写作学习方法和写作学习资源。这个"任务群"具有"历时性"特点——"群"中一系列写作学习活动的开展是按照先后顺序排列的，这个顺序与单元教材的编排顺序相吻合；同时这个"任务群"具体有"共时性"特征——"群"中的某个写作活动中，目标、任务、内容、情境、资源、步骤是一体的，相互融合与共生。不难看出，写作活动是构建"群"实体单位、落实"群"任务的基本抓手。因此，建构"单元写作学习任务群"，写作活动是重要的突破口。

1. 精准单元写作活动目标

在统编小学语文教材中，每个单元都有鲜明的读写要素。但是走向具体语

篇教学时，读写要素则显得笼统模糊，需要在单元写作学习目标的设置过程中具体化、结构化以及操作化。以五下第四单元为例，单元读要素是"通过课文中动作、语言、神态的描写，体会人物的内心"，单元写要素为"尝试运用动作、语言、神态描写，表现人物的内心"。前者强调的是阅读方法，后者指向的是写作策略。无论是由外向内的言语"体会"，还是由内向外的言语"表现"，以"外"显"内"都是阅读与写作的"共享性知识"。沿着以"外"显"内"这个单元学习内核，我们需要在写作学习活动中去细化与铺展更为下位的枝节性学习目标。目标越精细，写作活动的开展越有针对性，学生在完成此写作任务方面的短板越能真正透显。结合单元各板块教材内容，我们可以将以"外"显"内"进行这样的目标细化：

目标 1： 将人物瞬间的外在表现借助图文呈现出来，以展示他此刻的内心状态。

目标 2： 转换叙述视角，将对人物外在表现的描写转化成他的内心活动。

目标 3： 将人物与周围人或与自身日常对比，通过"表现反差"来展现他的内心变化。

三个目标有共同的指向，那就是表现人物的内心世界。但是达成目标的途径不同，目标 1 侧重图文结合，目标 2 借助叙述视角的转换，目标 3 则插入场景和背景，难度不断增加。再从目标内容上看，目标 1 与目标 3 是从侧面烘托人物内心世界，目标 2 则是直接描述人物内心世界。还可以从目标指向上看，目标 1 和目标 2 要描摹的是人物瞬间的内心状态，而目标 3 需要刻画的是人物变化着的内心世界。在"单元写作学习任务群"中，将每次写作活动的目标精准化，才能在写作活动中有所指有所为；将任务群中的目标阶梯化，才能体现写作活动的层次性。

2. 精选单元写作活动资源

"单元写作学习任务群"扎根在统编小学语文教科书所编排的单元之内，是一种常态的教学实践。本任务群落实的是单元表达要素，着眼的是写作学习，因此不可能将教材单元内所编排的各板块内容按部就班地"应用尽用"，常常只是将它们作为任务资源"应选尽选"。选择什么资源，这由单元写作学习活动的目标来取舍；资源如何用，这由所设计的写作学习活动的任务指向来决定。继续以五下第四单元为例，我们针对写作学习目标，选择了相匹配的学习资源。（见下表）

写作学习目标	将人物瞬间的外在表现借助图文呈现出来，以展示他此刻的内心状态。	转换叙述视角，将对人物外在表现的描写转化成他的内心活动。	将人物与周围人或与自身日常对比，通过"表现反差"来展现他的内心变化。
写作学习资源	古诗《闻官军收河南河北》	课文《军神》	习作《他____了》及语文园地的"词句段运用"

作为写作学习资源，它们在教材单元中原本承担的课程任务保持不变；进入写作学习任务群后，不需要将此课程资源从教科书中剥离出来另起炉灶，也不需要在原有的教学目标上进行任务叠加，而是将原本的阅读理解视角转为表达视角，让它们与单元语文要素精准对接，让该教学资源的教学功能最大化、最优化。更要强调的是，被选入写作学习任务群的课文、练习等教材资源，在日常教学中不特立独行，依然沿着原有的教学进度，依然被放置在原有的教学板块之中，依然不丢弃原本担负的教学价值，只是改变它们的教学状态：由单一的理解转化成多元的语用，由封闭的教材解读转化成开放的语言实践，由"第三人称"的阅读者转化成"第一人称"的创作者。

3. 精分单元写作活动内容

"写作学习活动具有实践性，是学习者自觉能动地在一定的语言运用规范的制约和指导下展开的现实的、感性的、具体的写作实践活动。在这些实践活动中，如果教师用了很多'写'以外的活动，那么想通过这样的活动来较快地获得写作能力恐怕是不现实的。"①显而易见，写作活动的核心就是"写"的语文实践，就是"写"的教学操作，学生的表达素养不是靠教师单纯地"教"出来的，而是在一个个具体的写作活动中"练"出来的。"单元写作学习任务群"，其本质就是在具体的写作学习活动中，学生"自觉能动"地完成一个个习作任务。在五下第四单元中，我们结合所构建的写作学习任务群的情境、目标及资源，设计出了如下的写作学习活动——

▲写作活动一：创作古诗连环画

任务内容：借助注释读懂《闻官军收河南河北》，借助想象，将这首诗改编成一组连环画。

活动要求：（1）画面内容要充分体现杜甫的"喜欲狂"；（2）每幅画面的内容都要符合诗意；（3）为每幅画写解说词，图文内容要适合，要相互补充。

▲写作活动二：改编《军神》

任务内容：多年以后，刘伯承回忆起重庆临江门德国诊所疗伤的往事。你如果是他，会怎样在回忆录里叙述这件事情？多年之后，沃克医生已经回到德国。你如果是他，会怎样向媒体记者讲述"军神"的故事？

任务要求：（1）选择"刘伯承"或"沃克"的身份，试着用第一人称改写；（2）选择一种身份后，努力将文中关于"我"的神情描写转化成"我"的心理活动；（3）尽量用讲述的口吻来写。

▲写作活动三：制作《班级人物情绪谱》

任务内容：选择班级的一个同学，将他留给你印象最深的一种情绪状态（激动、害怕、气愤、焦急、陶醉……）用文字勾画出来。

任务要求：（1）在具体的事情中展示人物的情绪状态；（2）需要将情绪爆发前和爆发后交代清楚；（3）写他的情绪爆发时，可以将周围同学的表现或他在正常状态下的表现作为对比；（4）可以用文字勾画多个同学的情绪图，每一个

---

① 王荣生主编.写作教学教什么[M].上海：华东师范大学出版社，2014:24—25.

人写一篇，最后装订在一起；也可以将班级其他同学的习作收集在一起，然后设计封面、制作目录、绘制插图，最终编成《班级人物情绪谱》。

在"单元写作学习任务群"中，写作活动目标是写作学习发生的原点、展开的方向，目标越精准，写作任务越清晰，写作学习效果就越明显。写作活动资源是写作活动设计的前提和基础，只有写作活动基于单元教材，沿着单元教材，才能让"单元写作学习任务群"的构建顺理成章，才能让教科书发挥出较大的教学能效。写作活动内容是"单元写作学习任务群"中极富技术含量的板块，是承接写作学习任务的关键环节，也是提升学生写作能力的主要阵地。"以学习任务群为形式的教学，无论是依托教材自然单元的教学，还是整合教科书资源的教学，或是根据任务群目标设计的专题教学，都需要突出整体意识。"①所以，"单元写作学习任务群"在写作学习活动的搭建上，打破单篇教学限制，进行单元整体设计。首先在活动目标上整体谋划，循序渐进；其次在活动资源上整体统筹，功能整合；最后在活动内容上整体贯通，指向练笔。

四、效能评估："单元写作学习任务群"的考查变量

"单元写作学习任务群"作为一种课程实施方式的建构，是否合理，能否为教材增值赋能，是否能更好地提升学生的表达素养？这就需要我们在开发过程和建构过程中，即时作出客观而全面的价值评估。在这一个环节，有四个"变量"不可忽视。

1."任务情境"能否激发书面交际欲求

写作是人与人进行书面言语交际的行为和手段，"任务情境"就是在营造这样的书面言语交际氛围，让"单元写作学习任务群"的"外"融入环境场域、文化背景之中，"内"形成一套促进交流的动力系统，从而让学生的写作学习缘起自然真切，过程顺畅灵动。通常一个写作任务情境主要包含如下要素：（1）

---

① 张琨.语文学习任务群：情境、内容、方法、资源的整合[J].北京教育学院学报，2021（8）：60—64.

一项任务——借助写作实现的一个结果，譬如一封信或一张便条；（2）任务背景——任务环境，特定的写作目的、读者等；（3）任务工具——图片、文字资料等；（4）特定的命令——字数、内容、方式等。①"单元写作学习任务群"中的每个任务，都需要这些元素来进行架构，这些元素所架构的"任务情境"让写作学习应运而生——写作不再是一项与"我"无关的、源自身心之外的附加，而是与"我"的生活密切相关，与"我"的内在需求无缝对接；让学生胸有成竹、从容不迫地进入写作学习——写作学习不再是茫然无助、无始无终的"习作制造"，而是目的明确、自觉自愿的交际应对。好的任务情境，有力地推动了写作学习的发生进程，有力地提升了写作学习的品质，有力地调动了学生参与写作学习的内驱力，它真正让"任务情境"升值为"任务驱动"。

2."读写融合"能否获取适恰的资源支持

"单元写作学习任务群"是构筑在单元之内的教学行动，单元内与表达要素相关联和策应的写作资源，对写作学习任务群的搭建质量影响极大。在写作学习任务群中，"读写融合"是最为常见也最为关键的写作学习方式。因此，在单元内发现和搜寻到阅读与写作可以"共享"的课文片段或园地练习、习作例文，是"单元写作学习任务群"开发的最前期工作。特别需要关注的是，搭建写作学习任务群，不能将阅读与写作粗暴地强行联合，让原本教材资源所担负的阅读功能有所折损。作为写作学习的资源，应当是阅读和写作的交汇点，应当是阅读与写作的公约数，应当用阅读搭建写作支架，用写作促进深度阅读。在一个独立单元中，作为写作学习的资源，作为写作学习任务群的课程资源，不是简单的点位读写结合，而是系统的"读写融合"，在资源的深处，能让阅读与写作达成共识，实现共赢。

3."任务细分"能否重构扎实的训练系统

"单元写作学习任务群"作为"群"，意味着写作任务不是唯一的，服务于

---

① 邓彤.写作任务情境：何以需要？如何创设？（上）[J].中学语文教学参考（高中），2019（6）：11—14.

写作学习的资源不是单一的，学生的写作活动不是独一的，它的本身与本质就是一个目标聚焦、相对独立与完善的训练系统。"任务"能否构成"任务群"，能否成为写作学习"系统"，其根本在于写作学习任务的"细分"——任务之间是否彼此关联，任务前后是否有梯度，任务是否聚焦学习目标？与此同时，需要考量的是：由表达要素所切分的每个任务，也就是每个训练点，是否瞄准了学生言语结构的盲区，是否能让学生现实的言语结构发生变构和完善，确保每个训练点都有训练价值？单元由这样的一系列训练点有秩序、有层次地"串联"或"并联"起来，写作学习任务群就是一个结构严谨的训练系统。

4."写作活动"能否托起高效的写作学习

"任务群的教学要通过情境创设，倡导合作探究的学习方式，让学生经历这一知识建构的过程，在言语实践的过程中获得积极的情感体验、探究的乐趣与动力……"[①]"合作探究的学习方式""经历知识的建构过程"，这就是写作学习活动的重要方式和基本过程，它是让学生"在写作中学会写作"的物理性平台。高效能的写作活动，有这样三个基本属性：一是它让学生的写作学习"寄居"在鲜活的交际情境之中，能不断地召唤学生的表达欲求；二是它由一系列具体而连贯、学生喜闻乐见的言语交际活动连缀而成；三是它在言语实践中，针对交际困境，让笼统的要素在积极的语用过程中显现为可操作的写作方法、策略、支架等，并在有针对性的写作操练中生成为写作技能，积淀为写作能力，内化为写作素养。总之，"写作活动"是学生写作学习的操作平台与可视路径，更是写作知识转化为写作能力的关键环节。

以上四个"变量"，是评估"单元写作学习任务群"价值的重要指标。但是在评价过程中，每个"变量"都要从写作学习任务群的整体去观照，从与其他三个"变量"的有效协同去考量。更重要的是，"单元写作学习任务群"是否利教利学，是否简便易行，这些刚性元素也至关重要，不可或缺。

---

① 陈罡.从研究性学习视角谈语文学习任务群设计[J].语文建设，2018（12）:4—7.

第二节 "课文—习作—园地"："单元习作练课堂"的基本结构

统编小学语文教材"试图改变传统的完全以阅读为中心的编排体系，在重视培养阅读理解能力的同时，加大语言表达，特别是书面表达在教科书内容中的比重，达到阅读理解与语言表达内容上的均衡"①。因此，每个单元在阅读和写作方面各安排一个语文要素。指向表达的习作单元，写作资源特别丰富，以保证单元读写要素能落实到位；即便是普通单元，写作资源也相对丰富，但仅靠一篇综合性习作，一方面写作资源显得冗余与闲置，另一方面单元表达要素并不能一练到位、落地生根。基于此，可否在单元内，紧扣表达要素，沿着"课文—习作—语文园地"的编排序列，建构一条完整的写作训练链条，促进小学语文教科书阅读与表达板块的充分融合，确保学生表达素养的真实提升呢？

一、"单元习作练课堂"的基本框架

"单元习作练课堂"在单元整体内进行课程搭建和教学铺展，属于单元内的"自建构"和"自运行"。它针对单元表达要素，根据单元内写作资源的分布状况，依山傍水、循序渐进地构建微型训练课程群组，主要包括四个节点。

---

① 陈先云. 课程观引领下统编小学语文教科书能力体系的构建 [J]. 课程·教材·教法, 2019（3）:78—87.

1. 第一节点：铺垫训练

在单元精读课文和略读课文教学中，选择与单元表达要素相匹配的语段或者文后练习，通过阅读赏析与探究，让学生发现鲜明的言语现象，从而提炼出指向表达的策略性知识，由此引导学生在具体的语境任务中进行迁移和搬用，尝试进行片段性写作练习。

2. 第二节点：靶心训练

在习作板块教学中，以最能体现单元表达要素的关键段落写作为指导靶向，选择典型而有针对性的例文片段，开发出结构性写作支架，引导学生利用写作支架，完成任务语篇的关键段落的写作，并结合支架元素精准检视"靶心"——单元表达要素的"落地"状况。

3. 第三节点：补偿训练

在习作讲评环节，针对学生习作在实现单元表达要素的过程中呈现出来的不到位、不完善、不清楚等集体性盲区，在原有写作支架的基础上，进行更为下位的枝节性开发，引导学生根据"教学补丁"，对习作进行二度修改，使得自身语言表达变得到位、清楚、完善。

4. 第四节点：提升训练

在语文园地教学中，针对新增的"词句段表达"板块，融入单元表达要素，可以转换视角，可以转换文体，可以拓展细节，可以增加元素，全方面巩固前期训练效果，让单元表达要素呈现更加多元的言语状态。

从统编小学语文教科书的编排特点来看，基于语文要素构建的单元其实就是"主题学习单元"。"单元习作练课堂"其实就是学生写作学习的一种方式，学习"主题"就是单元表达要素。沿着单元表达要素，形成了一系列的学习环节，引领着写作知识在学习过程中不断转型：铺垫训练，旨在让属于表达要素的"目标性"写作知识向具有结构性特征的"概念性"写作知识转化；靶心训练，力求让"是什么"的"概念性"写作知识向着呈现为支架状态的"程序性"写作知识转化；补偿训练，则引领学生将写作知识由外向内转化，由体现"如何做事"的"程序性"写作知识逐渐发展为指向"自我认知"的"元认知"写作知识；提升训练，是为了进一步加深写作知识的内化进程，将"元认知"写作知识升华为属于写作意识和习惯的"素养性"知识。

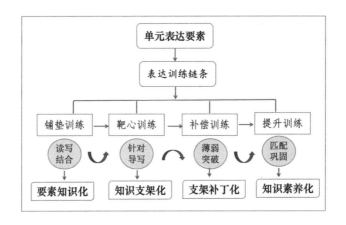

二、"单元习作练课堂"的学理基础

"单元习作练课堂"，一个最为核心的字眼是"练"，是聚焦单元表达要素的写作训练，是由"铺垫""靶心""补偿""提升"四个写作训练点连贯而成的微型训练课程群落，是从机械搬用到熟练运用再到自觉使用的训练过程。而将学生的写作学习过程和方式视为"练课堂"，有着广泛而深厚的理论基础。

1."单元习作练课堂"达成的是表达技能

吕叔湘先生曾经说过："使用语文是一种技能，跟游泳、打乒乓球等技能没有什么不同的性质，不过语文活动的生理机制比游泳、打乒乓球等技能更加复杂罢了……语文的使用是一种技能，一种习惯，只有通过正确的模仿和反复的实践才能养成。"[①] 诚如斯言，"单元习作练课堂"中包含的四项训练，其实就是在引导学生进行"正确的模仿和反复的实践"，以培养学生的语言表达技能与习惯。正是这个特征，可以给"习作"和"创作"划出鲜明的边界："习作"

---

① 吕叔湘.关于语文教学的两点基本认识（续）[J].语文学习，2005.（10）:38—39.

是训练表达技能，具有模仿性；而"创作"是运用表达技能，具有创造性。"单元习作练课堂"增强了同一写作技能的训练频度，可以让学生在小学阶段练就扎实的写作"童子功"。

2."单元习作练课堂"呈现的是指导过程

对于如何提高学生的表达水平，郑桂华教授认为："以往的普遍认识和做法是让学生多读多写、熟能生巧。这是必要的也是根本性的。不过，如果教师在学生的写作过程中能提供有效的指导，则可以大大缩短他们由'生'变'熟'、从'拙'到'巧'的路程，从而提高作文教学的实效性，其中的一条路径就是作文教学的过程化。"[①]"单元习作练课堂"充分体现着单元表达要素落地生根的过程，真实展示了从"外知识"到"内素养"的生长过程，它真正打开了学生写作学习的"暗箱"，让教学指导过程可视化，为学生现有的言语图式实现变构和完善提供了操作路径。

3."单元习作练课堂"铺展的是训练链条

学生的写作学习主要依托教材教学，统编小学语文教科书"努力构建符合语文学科基本规律、适合学生身心发展特点的语文能力发展训练体系，将必备的语文知识、基本的语文能力、常用的学习方法或适当的学习策略和学习习惯等，分成若干个知识或能力训练的'点'，统筹规划训练目标的序列，并按照一定的梯度，落实在各个年级的相关内容或活动中，努力体现语言文字训练的系统性"[②]。"单元习作练课堂"承载的是这套教科书所构建的"能力发展训练体系"中一个个具体的"知识或能力训练的'点'"，它将这些训练点"还原"到具体的阅读语篇里，"结合"在相应的任务情境中，"深入"真实的学情处，以确保每个单元的"训练点"在连贯的单元训练链条中循序渐进、步步为营，转化成每个学生刚性的写作力。因此，每个单元也成为学生"语文能力发展训练体系"中不可或缺的节点"组元"。

---

① 郑桂华.从两个维度改进作文训练过程的指导[J].中学语文教学，2009（3）:31—34.

② 陈先云.课程观引领下统编小学语文教科书能力体系的构建[J].课程·教材·教法，2019（3）:78—87.

4."单元习作练课堂"统整的是微型练习

在单元内所实施的四项习作训练，是以不增添额外课时和不增加学生课业负担为前提的，这四项训练几乎都"寄居"在日常的课堂环节中，教学时间常以 10—15 分钟为宜，这就决定了每项训练都聚焦核心问题，面向问题要害，集中发力。正如邓彤博士所言："在母语学习背景下，改善学生的写作行为并不需要系统化的全面的写作知识，而只需要对学生写作中的一二处关键困难提供必要的支持，就足以促进学生当下的写作学习。"[①]"单元习作练课堂"就是瞄准表达要素这个靶向，在不同教学阶段，设计出一组让单元表达要素逐层落实、逐步到位的习作训练片段，让指向要素的习作问题逐个显现，逐一被破解。因此，"单元习作练课堂"常常"练"在关键处，"练"在针对处，"练"在重构处。

"单元习作练课堂"，它化隐为显，化整为零，以小博大，让学生的写作学习过程成为言语训练的过程，从而在具体的单元内生成一个连贯而自然的习作教学链条，构筑一段从"外知识"走向"内素养"的言语发展旅程，摸索出一条用好、用实、用优统编小学语文教科书的实践路径。

三、"单元习作练课堂"的实践操作

"单元习作练课堂"在现实的教学运行中，始终坚持两大原则：一是"依山傍水"，即沿着统编小学语文教材单元自然编排进行教学，充分利用教材的写作资源开展写作活动；二是"有机融合"，即在常态的单元各板块教学中，选择适合的写作资源，巧妙融入四项习作训练，以提高各板块的教学效率。如此，可以保障知识的精准提取、深度理解和深刻内化。

1. 铺垫训练：让"内隐"写作知识"外显"

实施铺垫训练，执教者需要对三个关键问题有清晰的认知：一是为何"铺

---

① 邓彤.微型化写作教学研究 [M].上海：上海教育出版社，2018:24.

垫"——为单元中习作板块教学减缓坡度，化解难度；二是在何处"铺垫"——在落实单元表达要素时对学生而言最具有挑战性的习作障碍处；三是如何"铺垫"——选择饱含与单元表达要素相匹配的写作知识的关键段落或文后问题，尝试进行读写结合。理清这三个问题，铺垫训练就会水到渠成。

以五下第四单元为例，单元表达要素为："尝试运用动作、语言、神态描写，表现人物的内心。"但是什么样的动作、语言、神态才能表现人物的内心世界？这是落实"以外显内"这个表达要素的关键所在。于是我们选择了《闻官军收河南河北》这首诗作为铺垫训练的落脚点。

"铺垫"围绕三个问题展开：（1）这首诗表达了杜甫怎样的内心世界？从诗中的哪个词语可以充分感受到？（2）诗人杜甫欣喜若狂，可以从文中哪些地方感受到？（3）杜甫出生于公元712年，卒在公元770年，《闻官军收河南河北》作于唐广德元年（公元763年）春。他时年51岁，应当属于成熟稳重的年龄段，他的年龄与外在表现形成了强烈的反差，大家发现了什么？第一个问题指向诗人的"内心"；第二个问题指向诗人的动作、神情、话语等外在"表现"；第三个问题则是"以外显内"的重要策略，用"年龄反差"可以展示人物内在的情绪状态，内隐在语篇中的写作知识就此得以提炼。在此基础上，可引导学生运用"年龄反差"这一知识，尝试迁移运用：通过对杜甫身上与年龄不相符的神态、动作、语言的描写，在具体语境中表现他"闻官军收河南河北"之后的"喜欲狂"，读写结合就此发生。

"就知识的自组织性而言，文章作品包含了结构知识、修辞知识、技艺知识等程序性、策略性知识。文章作品常常不是把这些知识直接呈现出来的，而是隐含其中。"[①] 就"单元习作练课堂"整体而言，铺垫训练是一个"开场白"，意在将潜藏在单元课文中对标表达要素的写作知识"显山露水"，并结合具体语境，进行"读写结合"，从而实现对靶心训练的有机铺垫（见下页图）。在本

---

① 黄伟.阅读教学中语文知识提取、激活与内化[J].中学语文教学，2018（4）:8—12.

环节，最关键的教学技术就是文本段落与单元表达要素的匹配度、教学所提炼的写作知识的精准度，这也是评判该环节实施质量和水平的重要指标。

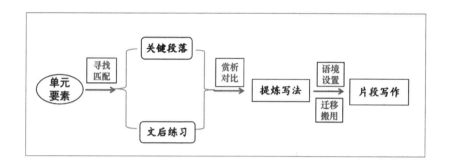

2. 靶心训练：让"静态"写作知识"操作"

在"单元习作练课堂"中，居于链条中心的环节是靶心训练。之所以称之为"靶心"，是因为在习作这样的综合性教学板块中，能精准锁定与表达要素密切相关的任务语篇中最为核心的段落进行重点指导，这是教学过程有"靶心"；是因为面向语篇任务，能聚焦学情，将"教"的力量汇聚在学生言语的集体盲区上，因"需"而教，沿"弱"而练，这是教学内容有"靶心"。"单元习作练课堂"努力将单元要素与习作学情进行重合与交汇，寻求教与学的最大"公约数"，使得习作板块的教学能攥紧"拳头"，击中"要害"。

以五下第四单元习作《他＿＿了》教学为例，我们借助教材中提供的例文片段，进行靶心训练——

▲瞄准"靶心"教

"他的眼睛闪着奇异的目光，面孔因为激动而涨得通红，嘴里不停地说：'太美了！真是太美了！'他根本没有听见周围喧闹的声音，整个世界对他来说好像都消失了。一个小时过去了，两个小时过去了，他痴痴地站在那里，一动不动地凝望着这座雕像……"

（1）这段文字主要写了什么？（一个人因为一尊雕像而陶醉）

（2）在主人公的周围还有哪些人？可以结合语段中的环境，大胆猜一猜。

（3）与周围的人相比，主人公的表现有什么不同？（神情异样，举动反常，话语失控）

小结：作者借助主人公与周围人相比表现出来的"神情异样""举动反常""话语失控"，充分展现了主人公内心的"陶醉"，这种"表现反差"可以"以外显内"。

▲聚焦"靶心"写

（1）妈妈一到家，看到她最喜欢的皮鞋被小狗咬坏了……（气愤）

（2）爸爸难得钓到了一条大鱼，别提多……（得意）

（3）小亮去火车站接爸爸，等了好久，爸爸还没有出现……（焦急）

选择一种情绪状态，用外在的"表现反差"写一段话。注意将主人公与周围人对比，写出主人公处于这种情绪状态时"神情异样""举动反常""话语失控"的样子。

▲针对"靶心"评

（1）写好之后，对照评价量表自己先评一评，在有星的地方标注出星号；在没有星的地方改一改，争取得到这颗星。

（2）同桌互评，对照量表，打出星级，并结合量表内容写一段评价语。

（3）作者在全班读自己的习作，让大家猜测主人公的情绪状态。

评价内容		星级	自评	互评
他人表现		★		
主人公表现	神情异样	★		
	举动反常	★		
	话语失控	★		

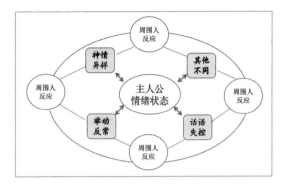

"以外显内"是静态的写作知识，属于"是什么"，而与周围人相比的"反差表现"则是实现"以外显内"的操作策略，属于"怎么做"。靶心训练，就是将"静态"的写作知识动态化、结构化、操作化，生成能拿来就用、拿来好用、拿来管用的写作支架（如上图），给每个学生一个清晰的"言语拼图"，不断调整和完善他们习作中的言语走向。当然，靶心训练是任务语篇教学的内核，但绝不是全部。任务语篇教学应当有完整的教学过程，须经历立意、选材、构思、起草、修改等指导环节，因此，靶心训练得从任务语篇教学的整体中来，最后回到任务语篇教学的整体中去，从而保证习作板块教学完整而不零碎。

3. 补偿训练：让"上位"写作知识"下位"

在完成习作之后，教师必须有一个整体的把握，特别是对靶心训练的关键段落进行深入的教学评估，这就需要教师对学生习作进行全面的评改，让前期训练中的不顺畅、不清楚和不完善充分地暴露出来，为进一步教学补偿做好准备。需要说明的是，补偿训练不需要改弦易辙重新出发，而是沿着局部问题，继续深入下位地开掘，最终形成解决问题的"教学补丁"，打通指向单元表达要素的言语"梗阻"，将针对"靶心"的写作支架搭建得更完善、更周全。

以五下第四单元习作《他____了》习作讲评课为例，学生习作在为了突显主人公内在情绪状态而将其与周围人对比的"表现反差"中，出现了这样的描述："看着被小狗咬坏的皮鞋，妈妈顿时火冒三丈""看着爸爸迟迟没有出现在出站口，小亮急得团团转""爸爸捧着大鱼，不停向他的钓友炫耀着"。"火冒三丈""团团转""不停炫耀"，这样的描述过于模糊，不足以清楚地"表现人物的内心"。补偿训练顺势展开：

"看见"表情：看着被小狗咬坏的皮鞋，妈妈弯弯的柳叶眉顿时翘了起来，脸色渐渐变红，嘴巴刚张开又突然闭合，眼里冒出来的寒气似乎要将整个客厅"冻僵"。

"搜寻"动作：看着爸爸迟迟没有出现在出站口，小亮一会儿走过来，一会儿晃过去；一会儿拍打几下围栏，一会儿踢几下丢弃在路边的矿泉水瓶；一会儿蹬上围栏努力将头伸向出站口，一会儿低头翻看手机上爸爸的订票信息。

"听到"话语：爸爸捧着大鱼，开启了他的"花式"炫耀模式："老张，瞧瞧这条鱼的个头，比你昨天钓的大多了吧？""老李，今晚不要回家了，直接到我家喝鱼汤，吃鱼头！""老王，你还钓什么，最大的已经在我手中啦，哈哈哈……"

让异样的神情"看得见"，让反常的举动"摸得着"，让失控的话语"听得到"，只有将人物的"表现反差"铺展化、图像化，才能让他内在的情绪真正涨溢出来，毫无遮挡地感染读者。因此，"细节铺展化"和"细节图像化"就是"表现反差"的下位开发，就是对靶心训练的深度补偿，也是引导学生对自身习作进行再度修改的训练指向和达成目标。因此，补偿训练是枝节性训练，为的是落实目标细节，为的是回应真实学情，为的是走完单元表达要素的"最后一厘米"。

4. 提升训练：让"个例"写作知识"综合"

如果说补偿训练是单元表达要素的教学达成，那么提升训练就是引领单元表达要素往语用的"活处"走，即进一步激活写作知识，使之"在情境和经验中活灵活现、具体可感并彰显意义"[①]；往学生的言语结构"深处"走，即"成为主体认知结构中的有机组成部分，并转化为熟练运用的一种能力，甚至成为

---

① 黄伟.阅读教学中语文知识提取、激活与内化[J].中学语文教学，2018（4）:8—12.

一种思维品质和技能习惯"①。

以五下第四单元语文园地中"词句段运用"板块的教学为例，练习1是"体会人物内心，再选择一种情景，照样子写一写"；练习2是"下面句子写出了人物与平时不同的表现，体会它们的表达效果，照样子说一说"。如果对接铺垫训练、靶心训练、补偿训练，这两项练习正是"以外显内"的写作知识走向多元化、综合化的"语用"之路。

（1）回顾梳理。在铺垫训练中，学习和运用了以主人公年龄为背景的"对比反差"；在靶心训练中，学习和运用了以周围人为背景的"烘托反差"；在语文园地第二题中，学习和运用了以日常为背景的"突变反差"。可以发现，"以外显内"的写作知识可以"活化"为以上三种状态。

（2）综合语用。爸爸一听到自己买的股票下跌的消息……尝试综合运用"对比反差""烘托反差""突变反差"这三种"反差表现"写一写爸爸的失望之情（见左图）。提升训练的实质绝不是为了逾越单元表达目标，拔高训练要

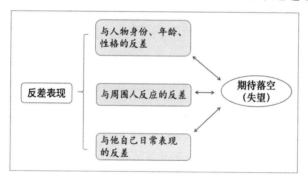

求，而是为了将指向单元表达要素的写作知识呈现出多种视角和维度，能在各种复杂的语境中自然融入，适时铺展；能在崭新的任务语篇写作中相机匹配，自如调用。提升训练，就是让写作知识从狭窄的单元任务语篇中走出来，"鱼入大海"，在各种复杂的语境中"游历"：能针对语篇目标，活化形式，巧妙嵌入；能结合语段具体铺陈需要，呼之欲出，释放"语力"。因此，可以这样认为，提升训练让写作知识深入学生言语结构的深处，成为学生的"语用"习惯。

① 黄伟.阅读教学中语文知识提取、激活与内化[J].中学语文教学，2018（4）:8—12.

"单元习作练课堂"是一个完整的习作训练链条，是一架拾级而上的训练阶梯，是一条显而易见的表达素养践行路径。因此，我们需要立足单元表达要素进行整体规划，以靶心训练为核心，瞻前顾后，向前"铺垫"，向后"补偿"和"提升"，大力彰显出统编小学语文教材读写并重的编排特色。

第三节 "发现—发生—发展"：
"单元习作练课堂"的基本运行

　　相较于传统的习作教学，统编小学语文教科书视域下的习作教学已经有了单元表达要素的支持，教学内容已然有了大体指向，写作训练也相对有了明确靶向，但这些并没有给现实教学带来明显改观，就习作教写作的现象一直存在，单元表达要素是否落地依然是个问题。"义务教育语文课程内容主要以学习任务群组织与呈现。设计语文学习任务，围绕特定的学习主题，确定具体内在逻辑关联的语文实践活动。"其实一篇习作话题，就是一个特定的写作学习主题，那么以习作为中心，在单元内构建起一个写作学习任务群，这或许对于单元表达要素落地生根是一剂良方。而这样的设想是否可行？统编小学语文教材"将单元导语、课后思考练习题、交流平台、词句段运用等内容视作一个整体，这是教科书编排体系的一个特色"①。既然教科书编排体现着单元整体，就意味着单元内每个教学板块都不是孤立的，在教学中需要相互作用，互为逻辑，以形成课程合力。"单元习作练课堂"就是在单元整体内进行课程搭建和教学铺展，属于单元内的"自建构"和"自运行"，它以单元表达要素为内核，以写作学习任务群为组织形式，清晰地展现出从"外知识"到"内素养"的运行路径，可以更直观地呈现出一个学生"个体语言经验"的变构与完善。

---

① 陈先云.课程观引领下统编小学语文教科书能力体系的构建[J].课程·教材·教法，2019（3）:78—87.

一、发现：对标表达要素的单元"语言现象"整合

学生在单元内的写作学习不仅仅局限在习作教学上，在"单元习作练课堂"写作学习任务群中，单元内指向表达要素的所有板块内容都可以成为写作学习任务群的课程资源。这些内容具有共同点——是与单元要素相匹配的"语言现象"。单元表达要素是抽象的、概括的，但"语言现象"是具体的、鲜明的，以句段的形式出现在单元的课文、阅读链接、习作例文、语文园地等板块中，它们能为高质量地完成习作语篇提供优质的言语结构和表达经验。

1. 借助语文要素聚焦"语言现象"

"文章图样是文章形式方面的感性规定，它是人们从各种类型文章中抽象出来的感性的形式、格局、框架、规范。"[①]诚如斯言，作为习作的任务语篇写成什么样子，在习作要求上，是有一定的"文章图样"规定的。譬如四上习作1《推荐一个好地方》，在教材表述中就明确提出："你打算推荐什么地方？（名称）这个地方在哪里？（地点）它有什么特别之处？（理由）"这样的"文章图样"是由单元表达要素决定的——"推荐一个好地方，写清楚推荐理由"。其实，"文章图样"就是一个任务语篇呈现出来的特定"语言现象"，它是一个单元标志化的存在，是单元课文遴选和组合的共性特征，也是贯通阅读、写作、语文园地等板块的中心线索，是读写结合的基础。一句话，教材单元体现着一类语篇的基本"文章图样"，是某种"语言现象"的鲜明体现，体现着学生透过"语言现象"学习其背后语言经验的过程。

2. 穿越课文板块复活"语言现象"

"文章图样"是写作主体——学生内在的"心理现象"，是写作主体——学生外在表达所要呈现的"语言现象"，它是单元习作经验特征的渐进建构，其中"最重要的是阅读，通过对一篇又一篇具体文章的感性接受，某种文章或几

---

① 马正平.高等写作学引论[M].北京：中国人民大学出版社，2002:119.

个文章的特征图样就不知不觉地沉淀在读者心中，成了一个鲜活、生动、具体的经验模式"①。单元内每篇课文，都是阅读对象，都是学生形成"经验模式"的基本源头。但不是每篇文章都能够形成"经验模式"，不是每篇文章的每一部分都饱含"经验"。这就需要引领学生在阅读中探寻适宜"经验"形成的富有"语言现象"的段落。譬如在四上第一单元中，筛选最具"文章图样"特征的具体语篇中的相应段落，让景物"独特之处"这一"语言现象""复活"：《走月亮》《繁星》分别写了家乡、天空安静祥和的独特夜景，而《观潮》则写出钱塘江大潮壮阔豪迈的难得景观。教科书在本单元中所选编的课文从不同角度、运用不同手法描绘了景物"独特之处"，让"语言现象"潜藏在异彩纷呈的景物描写中，呈现在风格多样的语言表达里。

3. 结合语篇特点梳理"语言现象"

在单元中，尽管每篇课文在言语内容和形式上都具有单元表达要素的倾向，但需要教师将学生领进相应语篇的字里行间，共同比较、辨析、判断和归纳，去梳理出内在共通的"语言现象"，去提炼贴合单元表达要素的"文章图样"。继续以四年级上册第一单元的课文为例：通过研读《观潮》中描写钱塘江大潮、《走月亮》中描绘月光下溪边、《繁星》中描摹海上繁星"特别之处"的段落，我们可以逐步梳理出呈现景物"独特之处"的"语言现象"背后的三种"经验模式"。一是在景物"动态"中显现"独特之处"。钱塘江大潮由远及近：声音从"隆隆"到"大地震得颤动"，形状从"风平浪静"到"一条白线"再到"白浪翻滚"；月光下的溪边，溪水是流动的，"山草和野花"的香味是流动的；而海上的"繁星"则"船在动，星也在动"。二是在景物"交融"中呈现"独特之处"。写钱塘江大潮和海上繁星，是"人景交融"：在《观潮》中运用了"人景穿插"——先是"人声鼎沸"，接着"人群又沸腾了"；在《繁星》中则运用了"物我相融"——"我仿佛看见它们在对我眨眼，我仿佛听见它们

---

① 马正平.高等写作学引论[M].北京：中国人民大学出版社，2002:120.

在小声说话。"写月光下的小溪，则是"景景相映"：溪水中"流着月光"，池塘中"抱着一个月亮"。三是在景物"联想"中展现"独特之处"。钱塘江大潮的声音好像"闷雷滚动""天崩地裂"，形状好似"两丈高的水墙"，犹如"千万匹白色战马齐头并进"；海上的繁星好像"无数萤火虫在我的周围飞舞"；在月光下的小溪边会联想到白天的情景——阿妈"洗衣裳"，"我"用"树叶做小船"。梳理出隐含在单元课文"语言现象"中的"动态""交融""联想"等"经验模式"，可以让学生直观感受到单元表达要素的作用力，隐约捕捉到达成语篇写作要求的具体抓手。

表达要素在一个单元中不是横空出世的，它在本单元的课文中有着"先验性"存在。构建"单元写作学习任务群"的首要任务，就是统揽整个单元语篇，敏锐捕捉具有"语言现象"的课文及相应语段，并将这些"现象级"语段整合在一起，去提炼和把握单元表达要素落地的言语经验模块，为"单元习作练课堂"学习任务群中的"写作活动"设计提供技术性支撑。

二、发生：践行表达要素的单元"写作活动"设计

写作学习任务群的构建"以生活为基础，以语言实践活动为主线，以学习主题为引领，以学习任务为载体，整合学习内容、情境、方法和资源要素"，它是学生写作学习真正发生的关键场域，而在写作学习任务群中，学习主题就是"单元表达要素"，"语言实践活动"就是"练笔"。即"将阅读和学习文章知识所建起的文章图样，运用到具体的写作活动中去，使笔下实际表达的文章图样逐渐和心中理想的文章图样吻合起来，不断纠正自己对文章图样把握不住的地方，最后进入一种心手文章图样统一、无碍的境界"[①]。在"单元习作练课堂"写作学习任务群中，要借助"铺垫""靶心""补偿""提升"这四个写作实践活动，进一步统整单元写作学习资源，将单元表达要素落地生根，成为学

---

① 马正平.高等写作学引论[M].北京：中国人民大学出版社，2002:121.

生"心手文章图样统一"的"个体语言经验"。以六上第一单元为例，我们来具体探讨"单元习作练课堂"写作学习任务群的写作实践活动设计。

1. 针对"言语梗阻"的"铺垫性"写作活动

"单元习作练课堂"写作学习任务群锁定单元表达要素，瞄准单元习作中的语篇任务，去"预测"学生在落实单元表达要素和完成本次语篇写作任务时会遭遇到的"言语梗阻"，然后针对"言语梗阻"在单元课文内探寻对应的富有"语言现象"的语篇和语段，进行"读写结合"，为化解"言语梗阻"提供具体有效的方法、策略。六上第一单元的表达要素是"习作时发挥想象，将重点部分写详细"，在单元习作《变形记》中，重点部分是"变形后生活世界随之发生变化的经历"。通过学情调研，我们发现单元表达要素和语篇写作任务中最难的是"变形后生活世界的变化"的表达。纵观本单元的课文，我们发现《花

人的视角		花的视角	
"人"看到的、听到的、闻到的	清晨，微风拂过花朵，太阳升起来了。傍晚，鸟儿们飞回了鸟巢，太阳落山了。	清早，我同晨风一道将光明欢迎；傍晚，我又与群鸟一起为它送行。	"花"的行为、"花"的感受
	花儿在原野上摇曳，把原野装扮得更加柔和美好。花儿散发着清香，使空气芬芳。夜晚，群星在天空中闪烁；白天，太阳发出耀眼的光芒，照耀在花朵上。	我在原野摇曳，使原野风光更加旖旎；我在清风中呼吸，使清风芬芳馥郁。我微睡时，黑夜星空的千万颗亮晶晶的眼睛对我察看；我醒来时，白昼的那只硕大无朋的独眼向我凝视。	
	朝露滋润着花儿，小鸟在鸣啭、歌唱；花儿婆娑起舞，小草哗啦啦响。花儿总是昂着头，向着阳光生长。	我饮着朝露酿成的琼浆，听着小鸟的鸣啭、歌唱；我婆娑起舞，芳草为我鼓掌。我总是仰望高空，对光明心驰神往；我从不顾影自怜，也不孤芳自赏。	

之歌》就是描述变形后经历的语篇，于是透过"语言现象"，引导学生发现所谓的变形描写其实是"人"与"花"视角的转换（如上页表），即将"人"看到的、听到的、闻到的转换成"花"的行为与感受。要写好《变形记》，首先要突破"还原视角"，就是将变形前"人"的视角在写作中自如地转变为变形后"物"或者其他新角色的视角。将这样的经验认知导入具体的任务情境中进行尝试性运用，这就是"铺垫性"写作活动——铺垫训练1：一只蚂蚁突然掉进了水坑，人的视角是"小蚂蚁摆动触角，在水中扭动着身体，六条腿拼命地划动着"。如果你现在就是那只蚂蚁，那么你会怎么描述当下的处境和行为？铺垫训练2：这是一朵盛开的菊花（出示图画），如果你是一个观赏者，你看到了什么？如果你是这朵花下的生物（青蛙、昆虫等），你会看到什么？请选择一个角色，将此情景描述出来。通过这样的"铺垫性"写作活动，能引导学生突破关于"变形后生活世界的变化"的"言语梗阻"。不难发现，"铺垫性"写作是对课文中富有"语言现象"的语段进行言语解码，在此基础上开展的"读写结合"活动，这是"单元习作练课堂"写作学习任务群构建最基础的环节，也是写作活动设计的最底层逻辑。

2. 开发"要素支架"的"靶心性"写作活动

"铺垫性"写作活动只是帮助学生突破语篇写作任务中的局部"言语梗阻"，对于习作语篇达成和单元表达要素落实来说只是开头。这就需要教师站在语篇任务的整体上，结合习作语境需求，以从课文"语言现象"中提炼的化解"言语梗阻"的经验为基点，生成让单元表达要素落地的经验组块。经验组块具有两个特征：一是具有"支架"功能，能够重构学生的言语思维，引领学生围绕语篇表达目标有效组织语言；二是具有"靶向"功能，学生完成一篇习作不是零起点，让单元表达要素落地的经验组块只能解决语篇重点段落写作问题，不可能在语篇表达中全方位发挥"语力"。以六上习作1《变形记》为例，如何将变形后的经历这个重点写详细？仅仅依靠"还原视角"远远不够，还需要紧扣"变形"这个语境，通过体现单元表达要素的习作例文将课文中的"语言现象"进行再现，以此生产出体现"完美变形"的要素性写作支架（见下图）："体现外形""还原视角""符合习性""拥有遭遇"。这是在"还

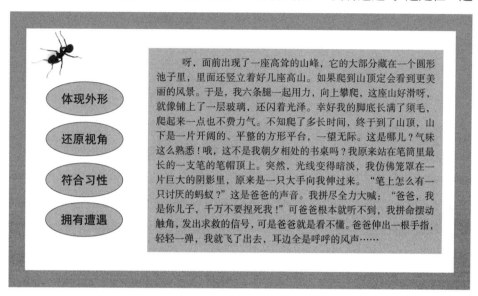

原视角"的基础上构建的将变形后的经历写详细的经验组块，能引导学生将各自的"变形"重点经历具体详细地展现出来：（1）选择一个你最喜欢的在特定地点"变形"的经历，将其记录下来；（2）为了让"变形"更完美，在叙述中要做到"四要"：要体现你的外形特点，要还原你的角色视角，要符合你的生活习性，要拥有你的独特遭遇。"靶心性"写作活动，直指单元表达要素的落地，它是将单元课文中的"语言现象"在语篇情境中进行重构，它是将习作例文中的"语言现象"在学生的"变形"故事中重现，从而实现单元表达要素在习作语篇的最关键段落中落地。

3. 消解"集体盲区"的"补偿性"写作活动

单元表达要素落地的过程，就是针对语篇任务的经验组块不断试错，逐渐改进，最终形成"经验模型"的过程。因此，"靶心性"写作活动只是学生新的经验组块初步试水，在他们的习作中，通常会有一些不清楚、不完善、不到位的细节性"集体盲区"，需要教师在习作讲评课中加以重视，帮助解决。而

解决的方式不是将指导课上搭建的支架性经验组块进行二次验证，而是在此基础上进行"补丁支架"的二度开发，以弥补现有经验组块在语言表达中抵达不足的枝节性缺陷。在六上习作1《变形记》习作语篇中，学生普遍存在的问题就是"角色混杂"，譬如"我（蚂蚁）拼命向前爬，这时眼前出现了一片草丛""我（蚊子）哼叫着，飞舞着，突然撞在一个人的腿上"……在蚂蚁眼中"一片草丛"就是辽阔的森林；对于蚊子而言，它的"哼叫"就是快乐歌唱或者大声呼号，它撞上的"人的腿"其实就是一根巨大的、粗壮的、柔软的"柱子"。显而易见，学生在"变形记"写作中，依然用"人"的视角看世界，依然用"人"的思维和动作描述遭遇、处理危机。"补丁支架"应时而生，以补偿前期经验组块的不足：变"它"就要了解"它"——它的外形结构、体型大小、视野范围、生活习性；变"它"就要进入"它"的世界——在日常生活中，它在哪儿活动，它会遇到谁，它会发生怎样的危险，它有什么特殊本领保护自己？带着崭新的角色经验重新审视习作，带着新置的"补丁支架"重新回到习作语篇中，"变形经历"中种种的模糊、漏洞、错误，经过"它的立场"矫正，立马顺畅了很多。"补偿性"写作活动再度表明：写作学习不仅是表达技能提升，还是一种认知水平提升，更是认知与表达相互作用下的言语思维提升。

4. 优化"语篇品质"的"提升性"写作活动

在统编小学语文教科书单元的语文园地板块中，增设了"词句段运用"专栏，它在单元中并不是孤立的存在。"以语文训练基本要素作为组织单元内容的主线、明线，让教材变得精要有用，好教宜学。单元导语，课后思考练习题，课文前、中、后的学习提示，语文园地中的'交流平台''词句段运用'，都是语文要素的主要载体。"[1]因此，对标单元表达要素，"词句段运用"也呈现出鲜明的"语言现象"。如果将此栏目教学与习作板块教学形成关联，前后贯通，成为优化习作语言内容和语篇品质的提升环节，"单元习作练

---

[1] 陈先云.统编小学语文教科书中语文要素的内涵及其特点[J].课程·教材·教法，2022（3）：28—37.

课堂"写作学习任务群建构就可以在此完美"收官"。六上第一单元语文园地中"词句段运用"有两题：第一题是体会排比句的特点，说说这样写的好处；第二题是结合具体句子说说分号的用法。而这两种"语言现象"在课文《花之歌》中都有鲜明的呈现。譬如"排比"句式——"我是亲友之间交往的礼品，我是婚礼的冠冕，我是生者赠予死者最后的祭献"；譬如"分号"句式——"我在原野上摇曳，使原野风光更加旖旎；我在清风中呼吸，使清风芬芳馥郁。"教学中再结合"词句段运用"中罗列的其他典型句式，引导学生深入探究"排比""分号"在表达上的功能：可以从不同角度展现事物的作用，从不同角度描述事物的特点，从不同角度表达自己的感受。紧接着引导学生从《变形记》的语篇结构出发（见下图），在开头用上"排比"和"分号"以

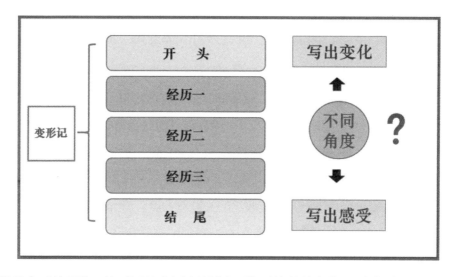

提升自己的习作，从不同角度写出刚"变形"时的种种变化："我变成了一只猫，原本光滑的皮肤，现在长满了黑乎乎的毛；我变成了一只猫，原本四肢笨拙，可现在可以轻快地从篱笆墙的窟窿穿过；我变成了一只猫，原本为了写作业，睡眠常常不足，现在可以睡到自然醒。变成一只猫的感觉真好。"还可以要求学生在结尾用上"排比"和"分号"以提升自己的习作，从不同角度写出"变形"后的种种感受："我是一只猫，满身黑乎乎的毛让我在炎热的夏天异常痛苦；

我是一只猫，我常常被调皮的孩子追赶、欺负，只能慌不择路地到处逃窜；我是一只猫，觅食和睡觉，天天过着这样重复无聊的日子。我不想再当猫了，让我变回原来的样子吧！"在单元表达要素的统整下，"提升性"写作活动将"词句段运用"巧妙镶嵌在习作中，能最大限度地释放单元"语言现象"的示范引领功能，最大限度地丰富单元习作语篇细节，最大限度地优化学生语言表达的品质。

"单元习作练课堂"写作学习任务群，立足单元表达要素进行整体规划，以"靶心"训练为核心，做到瞻前顾后，向前"铺垫"，向后"补偿"和"提升"，从而搭建了一条拾级而上的写作实践活动阶梯，从而在语文日常教学中探寻出一条基于单元整体教学促进学生表达素养的发展路径。

三、发展：针对"表达要素"的"个体语言经验"重构

"单元习作练课堂"写作学习任务群的建构实践，以基于表达要素发现单元"语言现象"为基础，以为落实表达要素设计写作实践活动为路径，展现出一个学生在单元表达要素的作用下"个体语言经验"发展的真实历程。"在语文课程中，学生的思维能力、审美创造、文化自信都以语言运用为基础，并在学生个体语言经验发展过程中得以实现。"显而易见，作为学生语文素养标识的"个体语言经验"，是语文课程教学的关键着力点。单元表达要素之所以存在，其根本目的就是让学生原有"个体语言经验"在单元写作学习中得到实质性重构，从而得到显在的发展与提升。通过"单元习作练课堂"写作学习任务群的实施过程，可以打开学生"个体语言经验"发展的"盲盒"，让我们真切地体验它"调集""重组"与"变构"的生长轨迹。

1. "调集"相关语篇任务的语言经验

学生进入单元习作的写作之前，是有经验前提的，这样的经验来自两个层面。一是单元之外同类语篇的写作学习，有梯度地为学生完成单元语篇写作任务做出了经验铺垫。譬如在五上习作5《介绍一种事物》之前，"介绍类"习

作在统编小学语文教材体系中已经出现过多次：三下习作 1《我的植物朋友》要求借助观察记录卡，介绍一种植物；三下习作 7《国宝大熊猫》要求学习搜集和整合信息，介绍事物。通过前两次写作学习，学生已经习得了借助"观察记录卡"的"观察介绍法"和借助"搜集和整合信息"的"资料介绍法"，这些已有经验是学生完成习作《介绍一种事物》的逻辑前提。二是单元之内精读课文和习作例文的阅读学习，为写作学习提供了表达的经验基础。譬如五上第五单元中，课文《太阳》、习作例文《鲸》借助打比方、举例子、列数字、作比较等说明方法从不同方面介绍事物，课文《松鼠》提供了直接观察、捕捉独特、从不同方面和用不同方式介绍事物等方法，而习作例文《风向袋的制作》则通过列数字的说明方法将事物的制作过程介绍得有条有理。单元外同类语篇写作经验是"习作练课堂"写作学习任务群构建的背景环境，而单元内精读课文和习作例文中潜藏的表达经验则是"习作练课堂"写作学习任务群实施的资源支撑。借助"内""外"关联、梳理与统整，能让以《介绍一种事物》为核心的"单元习作练课堂"构筑在丰富的语篇表达经验之上，让学生的写作学习伫立在厚实的经验站位之上。

2."重组"适配语篇任务的语言经验

学生围绕单元表达要素与核心语篇写作任务聚合了丰富的写作经验，但并不意味着写作活动就能畅通无阻。因为写作对象不同，拥有的素材资源不同，语篇达成的交际功能不同，所以需要调动的写作经验也各不相同。这就需要瞄准语篇写作任务，对与语篇任务相关的表达经验进行适配性"重组"。继续以五上第五单元"靶心性"写作活动《介绍一种事物》为例。如果要介绍"菊花"的特点，在外形方面，就可以用"直接观察、捕捉独特"的方法；在种类和习性方面，就可以采取"搜集和整合信息"的方法，其间穿插各种说明方法。如果要介绍"菊花的种植"，就需要"搜集和整合信息"，借助列数字的说明方法将菊花的种植过程有条理地叙述出来。很显然，交际功能不同，介绍的内容就不同，所需要遴选和重组的经验组块也各不相同。在"单元习作练课堂"写作学习任务群中，铺垫性写作、靶心性写作、补偿性写作、提升性写作这些不同阶段的写作活动，所需要的经验组块也不相同（如下图）。"单元习作练课堂"

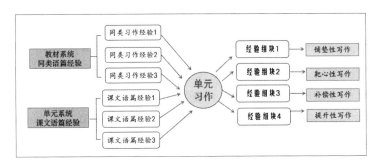

练的就是学生面对单元内各种不同功能情境指向的写作活动进行经验"重组"的能力，每一种经验组块形成的背后都是一种言语思维的突破与重构。单元内每一次写作训练，就是对曾经的同类习作经验和单元内课文表达经验的重新架构，架构的方式越多，就意味着学生的"个体语言经验"越丰富。

3. "再构"应对语篇任务的语言经验

学生的"个体语言经验"不是一成不变的，即便是优秀作家，他们的"个体语言经验"也需要在写作实践中反复锤炼。因此，对学生而言，"个体语言经验"具有基础性，存在着无限的可能性，时刻等待新的经验覆盖叠加、优化整合。在"单元习作练课堂"写作学习任务群中，基于单元表达要素的语言经验在铺垫、靶心、补偿、提升等系列写作活动中"反复锤炼"，不断经历重组，不仅活跃了学生的言语思维，还丰富了学生的语用经历，更重要的是对学生原有语言经验进行了"再构"，即对原有言语图式进行加工、改进和完善，逐渐烙上学生个体的烙印，成为更加稳定可靠的新"个体语言经验"。这代表着学生当下针对某种语篇写作的最高言语智慧。"写作智慧本质上便是一种应对性能力。在写作过程中，这种应对性能力包括立意应对、文体应对、言语应对三个方面"[1]，"单元习作练课堂"写作学习任务群，就是将学生放置在各种复杂

---

① 马正平. 高等写作学引论 [M]. 北京：中国人民大学出版社，2002:270.

的任务情境中，让他们不断运用现有的语言经验进行"应对"，不断创造现有语言经验的组合方式进行"应对"，不断将现有语言经验生成变式进行"应对"。如果"铺垫性"写作活动是机械搬用语言经验的被动"应对"，"靶心性"写作活动、"补偿性"写作活动是有机组合语言经验的主动"应对"，那么"提升性"写作活动则是超越现有语言经验的智慧"应对"。因此，"单元习作练课堂"写作学习任务群就是让单元表达要素在各种任务语篇的"应对"中走向学生"个体语言经验"的过程，也是学生从"调用"原有语言经验到"再构"崭新语言经验的真实写作学习过程。

"单元习作练课堂"写作学习任务群的构建和实施，从心理层面生动分析了学生基于单元表达要素的"个体语言经验"形成与发展的过程，在实践层面具体描述了新课标背景下单元表达要素在单元整体教学中借助"语言现象"这个"落点"，通过系列写作实践活动"落地"，最终在学生语文素养上"落实"的完整过程。

第六章

"个体语言经验"：写作教学新评价

郑桂华教授提出："要实现写作教学的过程化，以下几项准备工作必不可少：一是筛选出对学生的作文可能有实际影响的关键点、知识点、训练点，构建作文教学的基本要素；二是将这些关键点按照一定顺序进行排列，构成相对系统的课程知识框架；三是围绕这些关键点，设计步骤明晰、相对稳定的教学流程。"小学语文统编教科书努力体现这样的"过程化"——"将必备的语文知识、基本的语文能力、常用的学习方法或适当的学习策略和学习习惯等，分成若干个知识或能力训练的'点'，统筹规划训练目标的序列，并按照一定的梯度，落实在各个年级的相关内容或活动中。"（陈先云语）显而易见，统编小学语文教科书为写作教学过程化奠定了基础。写作教学的过程化，应当囊括"教"的过程、"学"的过程、"评"的过程，这不仅是写作教学"过程化"的应有之义，更是体现学生语文素养的"个体语言经验"获得真实发展的必由之路。在新课标、新教材的视域下，构建"教—学—评"一体化课程实践机制，是当前写作教学必须呈现出来的新样态和新秩序。

第一节 "教—学—评"一体化
对写作教学的特定价值

长期以来，教师们对写作教学的认知一直停留在遵循"多读多写"的习得律上，并且觉得"写作是个性化的创造活动"，教师的"教"就是对学生个性表达的干预。"教—学—评"一体化，被不少语文教师片面地认为是用理科教学思维来误导文科教学。"就像围棋棋谱里的着法定式、竞技体育训练中的分解动作、绘画初学者的素描写生，都是由基本动作通往高层次创造性活动的阶梯。"① 可在基础教育阶段，很多学生连这样的写作基本功都不具备。基于"教—学—评"一体化的写作教学就是为了带领写作教学走出"不用教"和"不能教"的"混沌"状态，给学生铺垫好通往"高层次创造活动"的最初几个台阶，让他们在小学阶段形成最基本的"个体语言经验"，练就扎扎实实的写作"童子功"。

一、让写作教学有明确教学内容

基于"教—学—评"一体化的写作教学，"首先是目标具体清晰的课堂。教、学、评相一致的准绳是什么？当然是教学目标，因此，也可以说，教、学、

---

① 郑桂华. 写作教学研究 [M]. 南宁：广西教育出版社，2020:272.

评相一致的课堂就是'立标''对标''达标'的课堂"①。显而易见，当一堂习作课、一次写作教学过程有明晰的教学目标，就有了真实明确的教学内容，并且在整个写作活动中，这个教学内容一以贯之，教学过程就是锁定目标（教什么）—瞄准目标（怎么教）—抵达目标（教到什么程度）。像这样"咬定目标不放松"的教学，让写作教学有作为，每次教学都有鲜明的训练点，不断引领着学生在任务语篇的表达中走出困境和盲区；让写作教学有重心，每次教学要解决什么问题，就围绕问题解决设计教学环节，教学的靶向集中聚焦，走出了笼统模糊的境地；让写作教学有进阶，曾经教过的不用重复再教，未来要教的可以暂且不教，每次教学都能落脚一点，深度开掘，训练到位。"教—学—评"一体化的写作教学，有力地扭转了当下写作教学的困境，有效地突破了当下写作教学的瓶颈，能为学生提升言语思维和表达打下扎实的基础。

二、让写作教学有真实学习过程

写作教学必须有真实的写作学习发生，必须展现学生从不会到会、从不能到能、从不善到善的过程。"教"什么？应当是学生完成语篇任务所欠缺的语言经验，是习作所在单元需要重点训练的表达要素。教学所"教"的，就是课程要求"学"的，也是学生语言经验中亟待完善的，这是"教"与"学"的匹配，"教"对"学"的服务。"学"什么？包括"应知"和"应会"两个方面："应知"指的是达成语篇写作目标所需要的写作知识和表达策略，这是学生的语言经验面对语篇写作任务的"落差"和"短板"；"应会"指的是所学写作知识与表达策略在语篇写作任务中的恰当运用。这两者不是截然分开的两个阶段，而是一枚硬币不可分割的两个面，即"应知"是内容，"应会"是形式；"应知"是静态的知识，"应会"是动态的经验；"应知"是在习作例文中的发现和提炼，"应会"是习作训练中的组织运用和细节调节。"评"什么？是对所"教"和所"学"

---

① 黄伟. 基于教、学、评一致性的语文课堂实践：要义与操作[J]. 中学语文教学，2021（6）：10－14.

在具体语篇写作任务中运用时所呈现出来的效果进行评判。这本身也是写作学习的重要环节，包括"自评"和"互评"两个方面："自评"是学生对所"学"成果在习作中的运用状况进行自我监控和自我调节，是不断靠近写作目标和逐步逼近写作目标的过程；"互评"是不同角色的读者对作者在作品中运用所"学"而产生的表达效果给出评判和建议，能促进作者不断提升语言运用的品质，不断缩小与目标的间距，最终实现与目标重合甚至超越目标。基于"教—学—评"一体化的写作学习过程就是"强调学以致用、活学活用、即学即用，把自己所学的知识尝试运用于实际生活情境，做到知必行、知必做"①的过程。可以这么认为，基于"教—学—评"一体化的写作教学，是以"学"为中心的教学，是全程围绕"学"、引导"学"、评估"学"的过程。

三、让写作教学有刚性语力提升

评价写作教学的有效性，一个基本的前提就是学生有"刚性语力"的提升，就是让在场的每个学生都有新表达力的获得。而基于"教—学—评"一体化的写作教学机制，就是学生"刚性语力"的保障。首先"教"的目标专一，这是写作教学的"语力"释放点。一堂写作课，教学目标越精细、越精准，对学生原有语言经验的冲击力就越强烈，所形成的新语言经验就越具有补缺性。其次"学"的内容集中，这是写作教学的"语力"生成点。写作学习经历着对接目标的"写作经验梳理—写作知识生产—写作支架搭建—写作经验重组—个体语言经验积淀"的过程，"学"的过程，就是写作训练的过程，就是语言运用的过程，就是"刚性语力"积聚和焕发的过程。最后"评"的向度针对，这是写作教学的"语力"检测点。学生的任务语篇中，可以评价的维度很多，但在一堂写作课上、一次写作训练中，只能将着眼点一方面放在写作目标的达成度上，看原有语言经验是否有加持，本次提升的经验相对原有同类经验是否存在迭代

---

① 肖龙海，管颐. 新课堂：表现性学习与评估一体化 [J] 课程·教材·教法，2017（3）:18—23.

与升级；另一方面放在新经验与已有经验的组合上，只有新的语言经验组块出现，学生的"语力"才会出新和更新。

基于"教—学—评"一体化的写作教学，是落实单元表达要素的写作教学，是保障学生语用素养稳步提升的写作教学，是提升教师写作教学素养的写作教学，还是过程性评价和终结性评价一致的写作教学。

第二节 "教—学—评"一体化 对"个体语言经验"的促进作用

小学写作教学实施"教—学—评"一体化，一个根本的目的就是优化教学过程，提升学生表达素养。而表达素养主要落在学生的"个体语言经验"上，因为"在语文课程中，学生的思维能力、审美创造、文化自信都是以语言运用为基础，并在个体语言经验发展的过程中得以体现"。因此，在"教—学—评"一体化的逻辑背景下研究写作教学，对学生"个体语言经验"的促进具有素养导向的意义。

一、"教"基于学生"个体语言经验"积累与梳理

写作教学"教"什么，一般从两个维度考量：一是单元语文要素让教师"教"什么，二是学生需要教师"教"什么。而这两个维度都交汇在语篇写作任务上。教学目标要精准针对，就得从任务语篇出发，去梳理学生"个体语言经验"的库存：曾经在本套教科书的同类或相近语篇写作学习中积累了哪些语言经验，哪些语言经验对完成本次习作有帮助，哪些语言经验还存在欠缺？这样的梳理，可以为本次写作目标找到出发"原点"，同时结合单元语文要素也能为本次习作目标发现"增点"。基于"教—学—评"一体化的写作教学，要锁定目标，就得关注学生原有经验水平的累积：一方面给单元语文要素找到一个适宜的附着点和叠加点，从而避免教学"零起点"；另一方面借助单元语文

要素，给本次教学明确终点与限点，画出一个清晰的教学边界，防止教学超越目标，逾越和扩展到下一次单元语文要素的写作训练中去。只有梳理出学生当下语言经验"在哪里"，写作教学才能明确将学生当下的语言经验"带到哪儿去"。

二、"学"引动学生"个体语言经验"扩充与重组

"教育的目的是促进学习者发生预期的变化，这种变化就是学习，而教学的目的就是引发学习。"[①] 学生"个体语言经验"发展与写作学习发生息息相关，而学习的核心指向就是学生原有的语言经验是否发生了"预期的变化"。那么，写作教学中能触发学生写作学习的重要节点在哪儿呢？一方面在例文学习中突破。写作学习的重要载体是习作例文，习作例文是学生前序语言经验和后序语言经验的最佳融合点。学生在习作例文中发现：习作可以选择这样的素材写，同样的素材还可以这么组合，写作方法可以如此运用。原有的"个体语言经验"在此得到扩充，在数量上发生变化，写作学习已然发生。另一方面在写作训练中重组。习作例文为学生原有的语言经验扩容，使得学生应对新的任务语篇有了更多的经验储备。但面对真实的语篇写作，这些经验的简单叠加并不能产生真正的"语力"，这就需要学生将前序语言经验和后序语言经验在具体的任务语境中重新组合，形成新的经验组块，以写作支架的形式呈现出来，给自己的习作表达绘制一张"言语拼图"，从而保证语篇写作任务的顺利完成。这张"拼图"，是学生新旧语言经验的重构，学生原有的"个体语言经验"已经发生结构性的变化，显然第二次写作学习又发生了。学生"个体语言经验"从数量到结构的"预期的变化"，都是目标引领下教师"教"与学生自主"学"所产生的真实效果。

---

① 理查德·E.梅耶.应用心理学——心理学大师给教师的建议[M].盛力群等，译.北京：中国轻工业出版社，2016:2.

三、"评"使得学生"个体语言经验"改进与完善

基于"教—学—评"一体化的写作教学，评价的最主要内容是学生学习写作的成效，评价的主体可以是教师，但更重要的是学生。让学生参与到评价中，学生在本次语篇写作训练中所形成的"个体语言经验"就会再次得到锤炼，呈现出更加丰富的样态，学生的写作学习就会第三次发生。学生在对伙伴习作的评价中，利用评价量表去"丈量"不同伙伴基于自身"个体语言经验"组合的样态，使得学生之间的"个体语言经验"形成对流，就会对自身的"个体语言经验"形成冲击和碰撞；伙伴也会从不同视角对自身习作作出评判和建议，作者"个体语言经验"中的缺憾、生硬、模糊就会得到修正、弥补、调整。这样的交互评价，可以让写作目标得到更加充分、更加下位、更加清晰的诠释与落地，让学生的"个体语言经验"从起初生硬机械地"组合"到当下适宜灵动地"整合"，既提升了任务语篇的表达效果，又优化了学生的个体语言品质。可以这么说，写作教学的评价环节，是学生"个体语言经验"提升的"风口"和"浪尖"，是学生"个体语言经验"走向个性化的重要阶段。

基于"教—学—评"一体化的写作教学，不断发展学生"个体语言经验"是最基本的教学目标，不断推动学生"个体语言经验"走向重组和变构是最基本的教学作为，不断促进学生"个体语言经验"走向个性化和稳定化是最基本的评价尺度。

第三节 "教—学—评"一体化
对写作教学的过程构建

　　基于"教—学—评"一体化的写作教学课堂，不是简单的从"教"到"学"再至"评"的线性流程，而是根据学生的具体学情，随时作出调整和完善的螺旋上升过程。"'教—学—评一体化'不是表象上的'一致'与'相对应'，真正的一体化应该是一个'教与学—教与评—再教与学'的相互融通的循环过程，是一种内在的即学、即教、即评的过程，是一种不断诞生新的学习、新的教学、新的评价的过程。"①

一、目标定向，精准教学

　　"没有清晰的目标，就无所谓教—学—评的专业实践；没有清晰的目标，也就无所谓一致性，因为判断教—学—评是否一致的依据就是教学、学习与评价是否都围绕共享的目标展开，也正因如此，也有研究者把'教—学—评一致性'称作为'目标—教—学—评'的一致性。"②构建"教—学—评"一体化的写作教学过程，设定精准针对的写作目标，是课堂展开的核心。对于具体的一堂习作课而言，首先得有明确的教与学的共享目标，即针对语篇任务到底教什

---

　　① 丁丽云."教—学—评一体化"实施过程中的问题及其解决对策[J].中国教育学刊,2018（3）:66—68.
　　② 崔允漷,雷浩.教—学—评一致性三因素理论模型的建构[J].华东师范大学学报（教育科学版）,2015（4）:15—22.

么。在统编小学语文教科书中，单元语文要素对此作出了明确的限定。譬如六上习作7《有你，真好》，语文要素是"通过事情写一个人，表达自己的情感"。到底将目标落在"在事情中写人"还是"在事情中抒情"？这就得将这篇习作放置在整套教材写人的习作中进行整体观照（见下图）。通过前序的写作训练梳理，发现"在事情中写人"已训练多次，应该将学习重点转移到"在事情中抒情"。这依然是个宽泛的命题，还需要结合语篇写作要求，进一步明确靶向目标，那就是"学写深有感触的场景"。"场景"就位于事情当中，是情感集中爆发的"那一刻"。将单元语文要素放置在整套教材的同类要素训练之中，通过瞻前顾后地前后切分，明确目标站位；结合具体语篇写作要求，通过脚踏实地融合下沉，锁定写作目标。当确定具体明确的目标后，整堂写作课就有了灵魂，教师的"教"、学生的"学"、师生共同参与的"评"就可以在此交汇共享。

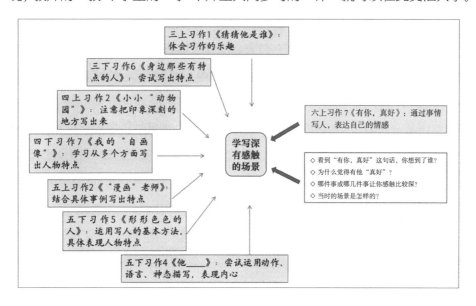

二、目标引写，尝试学习

面对语篇写作任务，学生的"个体语言经验"与写作目标之间到底有多大的落差？在开展教学之前，需要获得一个基本的学情评估，而评估学情最便捷的方式就是让学生调用已有语言经验进行尝试性预写。在学习六上习作7《有你，真好》之前，学生曾经有过类似的写作经验，譬如五下习作1《那一刻，我长大了》要求学生将"感到长大的'那一刻'的情形写具体"。学生写"那一刻"时，重点是"写具体"，而这次侧重于"抒情"，学生可以带着前序经验进入新的语篇写作，这样尝试性预写的难度会大大减小。"语文课程是一门学习国家通用语言文字运用的综合性、实践性课程。"其"实践性"决定了写作学习一定是"在写作中学习写作"。只有在预写实践中，让写作主体即学生真切发现自身"个体语言经验"与写作目标之间的"落差"——对照写作目标，有的地方写不清楚，有的地方写不下去，有的地方写不具体，他才会主动弥补"落差"，对教师的"教"产生强烈的学习向往。

三、目标导教，进阶学习

写作教学之"教"，不是有了明确目标就可以直接下手，还需要结合学生在预写中暴露出来的真实学情，筛选出学生最为薄弱、经验最为紧缺的语段，以此作为指导的入口，这是指向目标的写作教学最为关键的环节。第一步，浏览预写作品。对学生的预写作品无须逐一阅读，无须进行修改评价，只要随机抽取全班三分之一的习作进行浏览，就可以发现学生当下在达成学习目标的过程中遭遇到的困境。第二步，打造习作例文。教师选择其中一篇最具代表性的预写作品，精心修改，努力将目标要求自然无痕地落实其中，至此导"教"的抓手已经形成。第三步，提炼写作支架。学生一起研读习作例文，带着自己的预写经验和学习期待，去发现习作例文在实现目标的过程中展现出来的优质表现，并揭开优质表现背后的言语密码。将学生的种种细微发现进行结构化，化解学生习作困境的写作支架就浮出水面了。譬如六上习作7《有你，真好》教学，借助例文，可以引导学生开发出"在事情中抒情"的两种支架：一是叙述抒情，其结构是"主人公细节表现＋作者随即感受"；二是直接抒情，其结构是"叙事＋直抒胸臆"。第四步，开展针对性写作。学生带着实现目标的新经验重新步入写作，用写作支架扩展自身原有的经验结构，化解预写过程中的疑难杂症。这个环节是基于"教—学—评"一体化的写作教学的核心环节，也是将写作目标落地的主导环节。

四、目标启评，深入学习

在有效指导的基础上，当学生借助写作支架初步完成任务语篇的写作后，对照写作目标，学生的"学"达到了怎样的程度？这就需要启动评价机制。怎样让学生成为评价的主体，对自己和伙伴的习作作出客观而有力的评判？这就需要将写作目标细化为评价量表，就是将写作教学目标切分成若干个界限明晰的"点"，将这些"点"有逻辑地排列，并赋予相应的星级。习作评价量表的设计有个基本的逻辑，那就是"教什么""学什么"就"评什么"，重在考查单元训练要素的落地程度，而不是从篇的角度进行面面俱到的评价。譬如六上习作7《有你，真好》的评价环节，应当将"学写深有感触的场景"作为评价的重心。在《有你，真好》的语篇表达中，震撼人心的"那一刻"只是整个语篇写作的一部分，因此，评价时应当围绕"那一刻"的描写去考查是否学会了"场景抒情"表达方法。基于此，开发出具体的评价量表如下：

评价内容			星级	自评	互评
在具体事情中			★		
叙述抒情（主人公）	暖心话语		★		
	暖心举动		★		
	暖心神情		★		
直接抒情（自己）	暖心感受	随即感受	★		
		集中抒发	★		

学生根据量表先进行自我评价——在达成指标的地方标出星级，在没有达成指

标的地方进行自我修改，补上星级。接着引导学生进行互评，可以同桌"交流式"评价，打出星级；可以小组"商讨式"评价，给出星级；可以班级"展示式"评价，亮出星级。在对标评价中扬长避短，在对标评价中查漏补缺。因此，目标启评的本身，就是一种深入的写作学习，就是不断探究和发现目标表达"变式"多样性的学习。

五、目标促教，高阶学习

基于"教—学—评"一体化的写作教学，终点不是评价，而是根据学生在评价中呈现的第二次典型学情，教师进行再度指导。此刻的"教"旨在帮助学生打通通往写作目标的"最后一厘米"，让写作目标不是浅尝辄止地抵达，而是入木三分地竭力诠释。其基本流程是：第一步，聚焦目标问题。学生习作的有些叙述和描写已经触及评价指标，可以打星；但在语言表达上或是生硬拼接，或是蜻蜓点水，或是游离不定，这些问题，学生凭借现有的语言经验无法解决，这就需要教学指导继续前行。第二步，开发补丁支架，在先前的写作支架的基础上，进行枝节性下位开发，以进一步提升学生"达标"的语言品质。譬如六上习作7《有你，真好》，在"叙述抒情"中，作者的"随即感受"写不到位，真情无法自然流露，可以在此开发"即兴抒情"的支架——"感官（看到、听到、闻到等）＋联想"；在"直接抒情"中，作者的情感表达老套且苍白，可以就此开发出"有你……我的生活就没有……"的"对比＋排比"直抒胸臆式表达支架。其实，目标引领下的写作学习，是一个不断学习，不断写作，不断修改的过程。

六、目标疏改，深度学习

在教师紧扣写作目标进行的进阶指导的基础上，学生再度进行细节性修改，这是本次习作训练中的第三次写作。第一次写作，是基于学生已有经验的尝试性写作，那么第一次和第二次指导后的写作，都属于在此基础上的修改。

第一次修改，通往写作目标的是写作支架，通过修改，将写作目标落在具体的语言文字中，呈现在具体的语篇任务中，这是对写作目标的第一次"逼近"，是对学生"个体语言经验"的扩充和整合；第二次修改，指向写作目标的是补丁支架，通过本次修改，写作目标已经和学生的语言文字水乳交融，这是对写作目标的第二次"贴合"，是对学生"个体语言经验"的调整和完善。基于写作目标的写作和修改，是学生"个体语言经验"进阶"进行时"，也是学生写作学习由浅入深的螺旋上升过程。

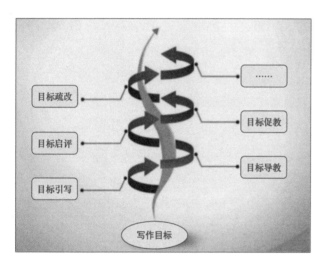

"教—学—评"一体化写作教学，就是一个借助"学"和"评"来不断改进和优化"教"的过程，就是一个通过"教"和"评"来不断提升和带动"学"的过程。基于"教—学—评"一体化的写作教学，以学生"个体语言经验"发展为己任，以"标"定学，以"标"导教，以"标"促评。（见上图）"努力构建这种前后承接、动态运转、循环进阶系统，可望使语文课堂'教而成学''学而成效'，从而彻底摒弃那些自我表演的走秀课堂。"① 它为当下基于新课标、新教材的小学写作教学重建出一个崭新秩序。

① 黄伟. 基于教、学、评一致性的语文课堂实践：要义与操作 [J]. 中学语文教学，2021（6）:10—14.

第七章

"个体语言经验"：写作教学新设计

学生"个体语言经验"的发展，语文课堂是主阵地。因此，核心素养取向下的小学写作教学，应当将学生的"个体语言经验"发展作为课堂教学设计的目标指向。从教学内容到写作支架，再到实践活动，"个体语言经验"完成了从外向内的转化过程。这个过程，既体现了"个体语言经验"作为知识技能的一面，又反映出"个体语言经验"作为能力素养的另一面。因此，可以这样理解：学生当下的"个体语言经验"水平是当前写作教学设计可能抵达的终点，也是下一次写作教学设计即将展开的原点。

五上习作2《"漫画"老师》教学实录及评析

执教者：吴勇　评析者：梁俊（南京市学科带头人）

【教学实录】

【目标预设】

1. 了解漫画的表达方法，努力将"漫画"向"写作"迁移。

2. 学习"漫画式"写作，将老师最显著的特点写清楚，给读者留下深刻印象。

【教学过程】

一、走进"漫画"

师：孩子们，喜欢漫画吗？

生：（不约而同）喜欢！

师：在照片和漫画之间，你们更喜欢哪一种？

生：我喜欢漫画。

生：喜欢漫画更多一点。

师：漫画比照片到底多了些什么？

生：漫画比较有趣、好玩。

师：想一想，是什么让漫画变得这么有趣、这么好玩？

生：是夸张。

师：（板书：夸张）真聪明，还有呢？

生：是放大。

师：（板书：放大）"夸张""放大"这两种技巧，让漫画吸引眼球。老师这里有几张漫画，漫画家到底"夸张""放大"了什么？

生：这是憨豆先生，漫画家"夸张""放大"了他的耳朵、眉毛、鼻子。

师：所以憨豆先生看起来很好笑，让你过目不忘！

生：这是葛优，漫画家"夸张""放大"了他的牙齿和脖子。

师：所以葛优看起来更有画面感！

生：这是姚明，漫画家"夸张""放大"了他的眼睛和眉毛。

师：这是姚明身上最具有"招牌"气质的部位。孩子们，在画漫画时，画家善于捕捉人物最有特点（板书：特点）的特定部位（板书：特定部位）进行夸张和放大，让读者乐此不疲，让读者过目不忘。因此，"漫画"成了表现人物特点最好的方式之一。

二、选择"老师"

师：孩子们，在我们的生活中，老师是和我们朝夕相处的人。通过一件又一件事情，我们发现了他们身上最鲜明的特点。（PPT 出示）在穿着方面，我们发现了一年四季喜欢穿裙子的"裙子老师"，喜欢穿高跟鞋的"哒哒哒老师"。除此之外，你们还发现了哪些在穿着方面有特点的老师？譬如——注意，不准说出他们的名字！

生："花格子老师"，他喜欢穿格子衬衫、格子西装，还有格子大衣！

师：这个"花"在这里显得有些杂乱，干脆叫他"格子老师"吧！

生："卷发老师"，她的头发总是卷着，有时是发梢的"小波浪"，有时是全头的"大波浪"。

师："波浪"更有画面感，干脆叫她"波浪老师"好不好？在工作习惯方面，我们发现了说话节奏很快的"机关枪老师"，在下课时总会说"大家再坚持一分钟"的"一分钟老师"。除此之外，你们身边还有哪些工作习惯特别明显的老师？譬如——

生：这个老师走路很快，我们总是追不上。

师：干脆叫他"一阵风老师"吧！（学生笑）

生："敲黑板老师"，他看到同学不听讲，总喜欢用手指敲黑板。

师：我们暂且叫他"咚咚咚老师"吧，声音更有提醒作用。

生："粉笔头老师"，他上课时看到有人做小动作，就会扔过去一个小粉笔头，百发百中。

师：百发百中，是个男老师吧？（学生点头）叫他"狙击手老师"吧，这样更酷！在性格方面，我们发现了翻脸比翻书还快的"变色龙老师"，看到谁都和蔼可亲的"笑眯眯老师"。除此之外，还有哪些特别有"性格"的老师？

生："冷面老师"，上课时不会笑，即便大家都笑的时候，他都是一副冷冰冰的表情。

师：幸好不是"冷面杀手"！（学生笑）

生："狮吼老师"，他看到同学犯错误，会大吼一声，很吓人！

师：好威猛，真是"爱之深恨之切"呀！当然，我们还发现了一些本领高强的老师，譬如能掐会算的"赛诸葛老师"，耳听八方的"顺风耳老师"。这样的高手老师，在你们的学校里还有——

生："神算子老师"，只要你写出算式，他马上就能报出答案，让你目瞪口呆！

生："夏洛克老师"，无论班级发生什么案件，他都能让真相水落石出。

师：看来，贵校的"高手"老师真多！孩子们，正是这些特点鲜明的老师，让我们的学习生活五彩缤纷！下面，请拿起笔，在第一行中间，写下一位最有特点的老师，格式是"特点＋老师"。

三、"漫画"老师

师：孩子们，想不想让更多的人了解这位特点鲜明的老师呢？最便捷的方式是——想不想让更多的人读了这篇习作，一下子就牢牢记住这位老师？最好的方式是——

生：画"漫画"的方式！

师：真高明！可是，漫画用的是线条，写作用的是文字，它们之间可以打通吗？

生：有点难，文字哪会像漫画那样栩栩如生？

生：我觉得可以，漫画可以"放大夸张"，文字也可以"夸张放大"。

师：到底可不可以？有一位同学，就成功地将"漫画"的方法用在写作上，下面就来看看漫画是怎样和文字和谐共舞的！（PPT 出示）谁来读一读？

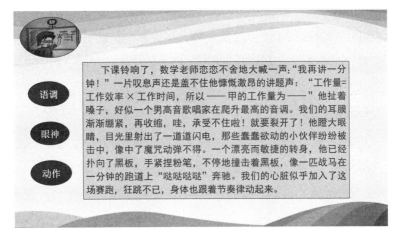

生：（朗读）……

▲第一个层次

师：读得真好！大家听懂了吗？这位老师最鲜明的特点是什么？

生："一分钟老师"喜欢拖课。

师：为了突显"拖课"的特点，小作者选择了他的哪些特定部位进行"夸张"？

生：动作。（板书：动作）

师：老师的动作是怎样的？读出来——

生：（朗读）一个漂亮而敏捷的转身，他已经扑向了黑板，手紧捏粉笔，不停地撞击着黑板，像一匹战马在一分钟的跑道上"哒哒哒哒"奔驰。

师：动作非常夸张！小作者还选择了哪些特定部位？

生：他的话语。

师：读出来——

生：（朗读）一片叹息声还是盖不住他慷慨激昂的讲题声："工作量＝工作效率×工作时间，所以——甲的工作量为——"他扯着嗓子，好似一个男高音歌唱家在爬升最高的音调。

师：其实，小作者夸张的是这位老师富有冲击力的"语调"。（板书：语调）还有补充的吗？

生：眼神。（板书：眼神）

师：一位喜欢拖课的老师，眼神是怎样的？读出来——

生：（朗读）他瞪大眼睛，目光里射出了一道道闪电……

师：这个眼神充满了杀伤力！孩子们，动作、语调、眼神的夸张描写，是借助什么实现的？（PPT出示）再读一读其中的文字。

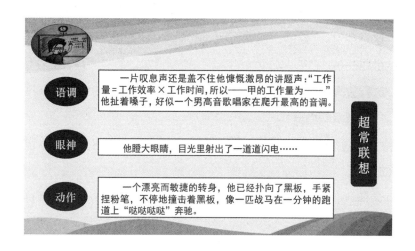

生：是比喻！

师：对，这些比喻都是作者在那一瞬间产生的联想（板书：联想），是超常的联想！孩子们，这些充满夸张的联想，让你们感觉到什么？

生：这位老师就站在我眼前！

生：他喷出的唾沫星子就飞溅在我脸上。

师：孩子们，这就是"漫画式"写作——选择主人公最有代表性的特定部位，进行超常的联想，这样就会产生强烈的画面感！

▲第二个层次

师：只对老师最具有代表性的特定部位进行夸张描写还不够，小作者还写了自己——

生：身在其中的感觉！

师：对，感官体验！（板书：感官体验）分别有哪些？

生：（朗读）我们的耳膜渐渐绷紧，再收缩，哇，承受不住啦！就要裂开了。

师：这是听觉。（板书：听觉）现实的课堂中，你们听到的声音真是这样的吗？这是在——

生：进行放大描写。

师：放大到震耳欲聋！

生：（朗读）那些蠢蠢欲动的小伙伴纷纷被击中，像中了魔咒动弹不得。

师：这是视觉。（板书：视觉）现实的课堂中，你们看到的真是这样的画面吗？这是在——

生：进行放大描写。

师：放大到魔幻境界！

生：（朗读）我们的心脏似乎加入了这场赛跑，狂跳不已，身体也跟着节奏律动起来。

师：这是内心感觉。（板书：心觉）现实的课堂中，你们内心真有这么激动吗？这是在——

生：进行放大描写！

师：放大到情不自禁！将自己的感官体验进行放大描写，有什么好处呢？
（PPT 出示）

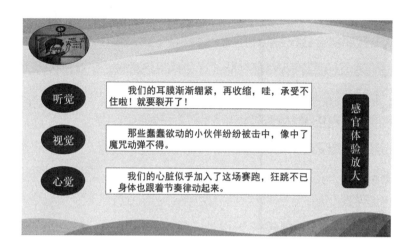

生：可以衬托出"拖课老师"的鲜明特点。

生：让文字具有漫画的魔力！

师：放大学生的感官体验，这也是——

生：（齐声）"漫画式"写作。

师：孩子们，怎样来"漫画"老师，有谱了吗？我们一起来总结下：抓住老师最鲜明的特点，选择特定部位进行夸张描写，这是——"直接漫画"（板书：直接）；还要捕捉自己的视觉、听觉、内心感觉等感官体验进行放大描写，这是——"间接漫画"（板书：间接）。有了"直接漫画"和"间接漫画"，你们笔下的老师就会特点鲜明，妙趣横生，让人过目不忘！

四、文字"漫画"

▲明确要求

师：下面我们就用文字来"漫画"一位你们最熟悉的老师，好不好？要求是——（PPT 出示）谁来读一读？

生：围绕老师的特点，选择一个事例，用"漫画"的方式来写一段话。

师：注意，因为时间有限，只写"一个事例"。

生：在事例描写中，要选择老师最有特点的特定部位展开联想，进行夸张描写，同时还要将自己身在其中的感官体验进行放大描写。

师：从两个方面着手：对老师进行"特定部位夸张"，对自己进行"感官体验放大"。

生：时间是八分钟。

师：够吗？那就动笔吧！

▲学生写作

▲现场评点

师：用文字勾画的"漫画"好了吗？下面就让特点鲜明的老师一个个登场吧！谁先来？（一学生上，PPT 出示）对照评价量表，你觉得可以得几颗星？（出示评价量表）

生：我觉得可以得四颗星！

	评价内容		星级	自评	互评
漫画	特定部位夸张	一处	★		
		两处	★		
	感官体验放大	视觉	★		
		听觉	★		

师：这四颗星是怎么来的呢？让我们通过他的"文字漫画"，去细细分辨。

生：（朗读）"你怎么就是记不住呀？""唐僧老师"一打开话匣子，就关不住了。只见她嘴唇在飞速地翻动着，就像一把菜刀在砧板上快速剁着肉，紧接着，豆粒大的唾沫星就在我的脸上、身上开了花。"审题不清，不是一次两

184

次了。因为这个毛病，你总是考不到 90 分，你知道吗？"她的语调不住拉伸上扬，这声音不断在空气中炸裂，穿过我的耳膜，钻进我的大脑，在里面不停翻跟头，就像孙悟空大闹天宫，我几乎就要晕倒！"唐僧老师"依然没有放过我的意思。"这次考试，就是一个见证……"她一边训斥，一边冲到门口，猛地合上门，似乎想把声音留在办公室内。可这声音似乎不听指挥，从办公室传到隔壁教室，引得同学们纷纷过来看热闹，一个个脑袋挤在玻璃窗外，似乎将我当作动物园的猴子，羞得我恨不得在办公室找一个柜子钻进去藏起来，好躲过她的狂轰滥炸。

师："唐僧老师"给你们留下了怎样的印象？

生：太唠叨了！

师：看来小作者写得很成功！可小作者是怎样借助"漫画"将"唠叨"写出来的？请大家对照评价量表来议一议、评一评。

生：我觉得"特定部位夸张"这一项可以得到三颗星，因为作者选择的特定部位有嘴唇、语调和动作，而且每个部位都有丰富的联想。"感官体验放大"这一项可以得到三颗星，因为他写到了自己的视觉、听觉还有内心活动。所以，可以得到六颗星！

师：评价有理有据，读者发现了作者没有发现的优点，掌声响起来！

生：我觉得这段文字还有一个优点值得我们学习。

师：把你的重大发现勇敢地说出来。

生：写"唐僧老师"，作者紧紧扣住他的"语言"来写：借助语言，写嘴唇；借助语言，写音调；借助语言，写动作！

师：说得太精彩了！知道为什么吗？我们还是请作者说说其中的奥秘吧。

生：因为"唐僧老师"最突出的表现主要是"语言"，所以，要用文字画出她的样子，应该从"语言"写起，并且围绕"语言"展开描写！

师：此处应当有掌声！再进一步追问下：如果写"狙击手老师"，应该围绕哪个方面写？

生：动作！因为"狙击手"的特点主要靠"动作"去展现！

师：的确，写"狙击手老师"时就要以"动作"为中心，去捕捉关键部位，去锁定感官体验，进行"漫画式"写作。

▲面向全篇

师：孩子们，其实描写一个人的特点，光靠一件事，是没有说服力的。譬如写一位喜欢穿格子衣服的老师——（PPT出示）

生：不仅要写出他穿"格子"衬衫的事例，还要写出他穿"格子"西装的事例，甚至还可以写出他穿"格子"羽绒服的事例。

师：是呀，这种写法，可以称作"事例串"。（板书：事例串）有了这样的"事例串"，"格子老师"就会让人心服口服，就会让人铭记于心！下面，请大家为自己笔下的老师，来列一列"事例串"。

生：我写的是"狙击手老师"，我列的"事例串"是：（1）扔粉笔头百发百中；（2）在办公室丢废纸百发百中；（3）球场上投篮百发百中。

师：真是名副其实的"狙击手"，不过三件事要有所侧重。

生：我写的是"狮吼老师"，我列的"事例串"是：（1）上课答错题，他"狮吼"；（2）有人欺负小同学，他"狮吼"；（3）运动会喊加油，他"狮吼"。

师：看来，"狮吼老师"让人欢喜让人愁！请大家课后完成这篇习作。题目已经拟定了，第一段写出这位老师的鲜明特点，接着用"事例串"的方式具体描写这个特点，每个事例写一段。请注意，无论写哪个事例，都不要忘记用"漫画"的方式写作——

生：（齐读）特定部位夸张，感官体验放大！

【教学评析】

统编版小学语文教材五年级上册第二单元习作的题目是"'漫画'老师"，要求学生模仿漫画的方式，抓住老师的特点，选择一两件具体事例，用文字把老师"画"出来。如何让"漫画"与"写作"发生关联？如何用"漫画"式表达方法捕捉特点写老师，给读者留下深刻印象？特级教师吴勇以精准的习作知识、精当的实践操作、精妙的作后评价，让学生的文字产生了漫画的魔力。

一、精准的"知识聚焦"——解语言表达之困惑

"多感官全息性觉察"，打破单一维度的局限。对于写人的作文，大多数教师习惯于把目光聚焦在人物的"描写是否生动""描写是否具体"上，泛化、程式化地讲解，例如要关注人物的动作、语言、神态、心理，要运用恰当的修辞手法等。但这些指导很难解决学生的写作之惑。究其原因，是老师很少从学生的习作表象中去探究不生动、不具体的真正症结所在。学生对人物的描写之所以不够细腻生动，是因为学生在观察、描写时，常局限于单一的维度，缺乏"多感官全息性觉察"的意识和能力。因此，教师在教学设计中要针对这一落差，提供"增加感知维度，多层次描写事物"这一关键的程序性知识。吴勇老师的这节课，通过对范例的阅读、感受和揣摩，在让学生感受到这位老师"喜欢拖课"的特点之后，带着孩子一步步去探究指向"喜欢拖课"的细节描写，让学生直观地感受到原来可以聚焦老师的特定部位，把自己看到的、听到的、感受到的写下来，还可以把自己的感官体验放大，把自己联想到的、想象到的也写下来。这就是在探究的过程中引导学生有意识地运用自己的视觉、听觉、触觉、感觉去观察、感受、描写，让单维的线性表达变成可看、可听、可感的多维立体场景，为学生的描写"不生动""不具体"提供了强有力的方法支援。

"集中夸张式描写"，贴合"这一次"习作的需求。从看到的、听到的、感受到的、联想到的、想象到的这些维度进行观察和描写，这是学生写作知识结构中缺失的内容，固然需要教，但这些也仅仅是写人与写事的必然性习作知识。本次习作的要求是"漫画"教师，如何让"动作""语言""神态""心理活动"的描写与"漫画"的形式相契合，还需要开发更具针对性的精准习作知识。"这是姚明身上最具有'招牌'气质的部位。孩子们，在画漫画时，画家

善于捕捉人物最有特点的特定部位进行夸张和放大。""孩子们，在我们的生活中，老师是和我们朝夕相处的人。通过一件又一件事情，我们发现了他们身上最鲜明的特点。在穿着方面，我们发现了一年四季喜欢穿裙子的'裙子老师'，喜欢穿高跟鞋的'哒哒哒老师'。除此之外，你们还发现了哪些在穿着方面有特点的老师？譬如——""在工作习惯方面，我们发现了说话节奏很快的'机关枪老师'，在下课时总会说'大家再坚持一分钟'的'一分钟老师'。除此之外，你们身边还有哪些工作习惯特别明显的老师？譬如——"学生在感知外部世界时，所有的信息都是一同进入大脑的。要让人物的形象鲜活，具有"漫画性"，就需要对全息的信息进行筛选、过滤，留下"最典型"的，然后集中笔力浓墨重彩地进行描写。吴勇老师充分挖掘了漫画在表现形式上的特点——聚焦特点，夸张放大，又运用类比迁移思维，通过聊谈的方式一步步引导学生发现、聚焦自己老师身上最具有代表性的特定部位，然后通过例文的示范，引导学生利用"夸张放大"的方法，把看到的、听到的、感受到的以一种近乎"魔幻"的方式表达出来，让文字产生了漫画的魔力。这就是一种基本的"个体语言经验"。

二、精当的"实践操作"——得语言表达之方法

苏联教育家达维多夫认为学习活动必须具备五个要素：活动的需要、动机、任务、动作与操作。其中的"动作与操作"指的是实践探究的过程。由此可见，在习作教学中，必须留有让学生"动作与操作"的时间与空间，只有教师的讲解、分析而没有"实践操作"的过程，习作教学就无从发生。

吴勇老师的这节课，处处体现着"实践操作"的痕迹。从让学生"回忆有特点的老师"到"对信息进行筛选，聚焦老师的最显著特征"，到"围绕老师的特点，选择一个事例，用'漫画'方式来写一段话"，直至最后"用'事例串'的方式，罗列事例"，吴勇老师带着学生经历了一篇习作从无到有、从单一到完整、从零散到聚焦的整个过程。学生置身于这样的过程中，既经历了思维的

"实践操作"，又拥有了表达的实践体验。这样的"实践操作"过程让"教习作"转化为"做写作"，让学生真正获得了思维和方法，从而形成属于自己的"个体语言经验"。

三、精妙的"作后评价"——明语言修改之路径

针对性的评价标准——评改之间指方向。评价量表的设计体现了教者的评价标准，一份优秀的评价量表让写作知识的清晰化和可操作化成为可能。

吴勇老师设计的评价量表针对"这一篇"的独特性，删繁就简，直指本次习作教学的重点，将自评和他评、评价与修改有机融为一体，让学生不仅能看到自己习作的最终结果，还可以在"评价标准"的指导下有针对性地进一步修改自己的习作。学生在描写时，能关注一处特定部位进行夸张描写就能得一颗星，关注两处还能再得一颗星；能把自己看到的进行放大描写得一颗星，把自己听到的进行放大描写又得一颗星。如此一来，学生在修改的过程中就会有意识地根据评价量表设计的评价维度增加自己的描写维度。这样的评价量表，教什么它就评什么，评什么的同时又再一次暗示了学生应该写什么、怎么写，既让学生知道了自己目前的写作水准，又为学生提供了努力的方向，是一种操作性极强的写作学习支架。

引导性的评价方式——问答之间得妙处。对学生的习作评价不应是习作教学的终点，而应成为学生进一步提高自己表达能力的开端。学生带着内在的需求走进习作，围绕明确的目的进行习作，那么如何让学生在享受到习作带来的成就感和荣誉感的同时，进一步明晰方法，得到提升呢？吴勇老师的作后点评做了很好的诠释。现场点评环节，吴勇老师以一位学生的当堂习作为例，把评价的权力充分交给学生。"对照评价量表，你觉得可以得几颗星？"在学生说能得四颗星后，吴老师带着学生围绕"这四颗星是怎么来的"这一主问题进行探究，并在充分的预设和适切的生成中进行了以下追问："'唐僧老师'给你们留下了怎样的印象？""可小作者是怎样借助'漫画'将'唠叨'写出来

的？""把你的重大发现勇敢地说出来。""知道为什么吗？我们还是请作者说说其中的奥秘吧。""再进一步追问下：如果写'狙击手老师'，应该围绕哪个方面写？""的确，写'狙击手老师'时就要以'动作'为中心，去捕捉关键部位，去锁定感官体验，进行'漫画式'写作。"整个点评环节，教师没有居高临下地用自己的主观感受对学生的习作进行点评，而是引导学生带着评价量表去审视文字，揣摩表达。用问题驱动，一步一步引导学生由表及里，从内容追溯形式，在思考、探究的过程中进一步明晰和强化"漫画式"描写的精髓，并深刻体会在描写时还要注意内容与形式的统一，这是非常重要的"个体语言经验"。

五上习作5《介绍一种事物》教学实录及评析

执教者：吴勇　评析者：熊智勇（重庆市骨干教师）

【教学实录】

【目标预设】

1. 引导学生认识介绍事物特点的说明文体。

2. 让学生学会从不同方面来介绍一种事物。

3. 让学生学会恰当地运用说明方法，将事物某方面的特点介绍清楚。

【教学过程】

一、介绍哪种"事物"

师：这个单元一共有几篇这样的课文（PPT出示），第一篇写什么？

生：太阳。

师：第二篇写什么？

生：松鼠。

师：第三篇写什么？

生：鲸。

师：第四篇写什么？

生：风向标的制作。

师：这四篇课文有个共同点，是什么？

生：都是说明文。

师：它们说明的都是什么？

生：应该是介绍一种事物。

师：对呀（板书：介绍），事物的种类很多，它们包括——

生：动物。（PPT 出示）

生：还有植物。（PPT 出示）

师：这都是有生命的，还有没有生命的，譬如——

生：桌子、椅子。

生：手机、电脑。

师：作为事物，它们有一个共同的名字叫——（PPT 出示）物品。除此之外，还包括哪些？

生：还有美食！

师：掌声响起来！事物中怎么能少了美食呢？当然还包括其他方面。想一想，从小到大，有没有一种事物你们非常熟悉，也特别喜欢，眼睛一闭上它马上就能出现？它会是什么呢？

生：小提琴。

师：是一种高雅的乐器，属于物品。

生：毛绒玩具。

师：童年的玩伴，依然属于物品。

生：我从小就养的一只仓鼠。

师：仓鼠！大大的门牙，好可爱的动物！

生：金鱼。

师：朝夕相处，有感情！

生：街头卖的小糍粑，我很喜欢吃。

师：是美食，吴老师也喜欢吃。

生：仙人掌，我从小就开始养了，它现在还活着。

师：终于说到了"植物"。

生：我四岁时妈妈买给我的玩具汽车。

师：这是男孩子的专属玩具。

生：自己种的绿萝。

师：自己种的，有感情，很熟悉。

生：我过九岁生日时爸爸买给我的足球。

师：这个事物给我们带来了无穷的快乐。下面拿出笔来，在你们的稿纸上方第一行写下你们最熟悉、最喜欢的一种事物的名字。（学生写）写得越快，证明你们对它越熟悉。

二 "介绍"哪些方面

师：一般事物有很多方面，我们该从哪些方面来介绍它呢？假如说现在介绍的是动物，咱们该从哪些方面介绍它？

生：它的生活习性。

师：吃饭呀，睡觉呀，捕食呀……

生：还有它的外貌。

师：应该叫"外形"，或者"样子""长相"，都可以。当然还可以包括这些方面——（PPT 出示）如果介绍的是植物，咱们该从哪些方面介绍它呢？

生：外形。

师：这是植物外在的，包括颜色、形状。

生：用途。

师：真棒，这是植物内在的。

生：生长环境。

师：是山地呢，还是平原呢，还是盆子呢？当然还有这些方面——（PPT出示）再来说说物品。比如妈妈用的手机，该从哪些方面介绍它？

生：样子。

师：品牌不同，型号不同，手机的样子就不一样。

生：功能。

师：这可给我们的生活带来了翻天覆地的改变。

生：它是怎么来的。

师：你想研究它的发展史，了不起！当然还有这些方面值得介绍——（PPT出示）最后，再来说说美食吧。

生：写美食要写出它的味道。

师：味道为王，没有味道就辜负"美食"二字了。

生：造型。

师：有味再有型，更能勾起自己的食欲。

生：它的制作方法。

师：掌声响起来！这孩子特别有当厨师的天赋。当然还包括这些方面——（PPT出示）孩子们，在这些事物中，吴老师比较喜欢恐龙，对它这几个方面比

动物
1.种类
2.长相
3.性格
4.饮食
5.睡觉
6.玩耍

植物
1.地域
2.喜好
3.叶子
4.开花
5.果实
6.作用

物品
1.样子
2.类别
3.构造
4.制作
5.玩法
6.用法

美食
1.产地
2.由来
3.食材
4.做法
5.吃法
6.滋味

较熟悉，就准备从这几个方面介绍它——（PPT 出示）请大家从所介绍事物的特征中，挑出三到四个最熟悉的方面，写在稿纸的第二行。如果上面没有，你们可以增加。

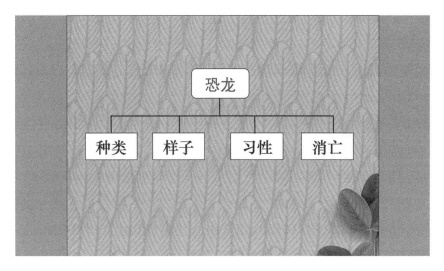

生：（动笔选择介绍的方面）

师：交流一下吧。

生：我写的是手机，我主要想从品牌、结构、作用三个方面来介绍。

师：这三个方面，基本上可以让更多的人了解你的手机的与众不同。

生：我介绍的是我家的小狗，我打算从样子、饮食、本领三个方面介绍它。

师：一定是一只本领高强的才艺狗！孩子们，你们选择的方面越多，对选择的方面越熟悉，越可能将这种事物介绍得清楚。

三、如何"介绍"清楚

▲第一个层次：直接描述

师：可是怎样将每个方面的特点都介绍清楚，让读者也能够像你们一样爱上它？不急，我们看看习作例文是怎么介绍鲸的。（PPT 出示）告诉我，这是在介绍鲸的哪个方面？

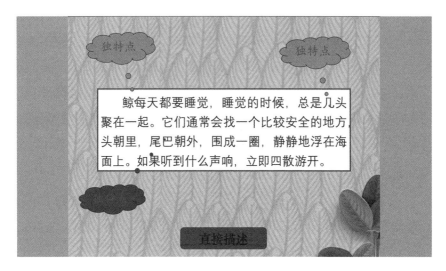

生：鲸的睡眠。

师：鲸的睡眠与其他海洋生物相比有什么独特之处？（板书：独特）

生：它们是几头鲸聚在一起睡的。

师：鲸这么大，胆子却那么小，很独特。

生：如果听到声响会四处游开。

师：很警惕！这也很独特。

生：头朝里，尾巴朝外，围成一圈睡在海面上。

师：就是睡觉还摆个姿势，很独特。作者是怎么介绍鲸睡觉的？通过捕捉鲸在睡觉时的独特之处，哪个方面独特作者就写哪个方面。像这种介绍事物某个方面的方式，我们称之为——（板书：直接描述）

▲第二个层次：方法说明

师：当然，介绍事物除了"直接描述"外，还有另外一种方法存在，一位小作者给我们带来了启发。（PPT 出示）读完了吗？介绍了湘西辣子鸡的哪个方面？

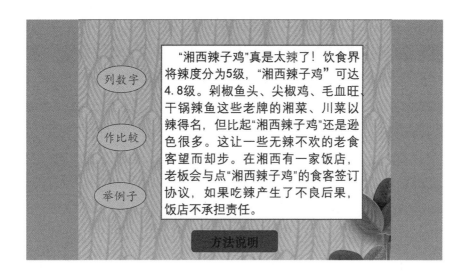

生：味道很辣。

师：读完你们觉得辣吗？（学生点头）小作者是怎么把这个"辣"深深写进读者的心中，让读者觉得它很辣很辣的？

生：饮食界将辣度分成5级，"湘西辣子鸡"可达4.8级。从数字上看出很辣！

师：这种表现"辣"的方法叫什么？

生：列数字。

师：真实可靠的数字胜过千言万语。（板书：列数字）还有其他招数吗？

生：拿辣子鸡与剁椒鱼头等老牌湘菜作比较，体现"湘西辣子鸡"很辣！

师：不怕不识货，就怕货比货。（板书：作比较）

生：用签订协议的故事，说明"湘西辣子鸡"辣到家！

师：在说明文里它不叫"故事"，叫——

生：举例子。

师：掌声响起来，很专业的名字！（板书：举例子）用事实说话，胜过千言万语。相较于直接介绍"鲸"，介绍"湘西辣子鸡"时用了列数字、作比较、举例子等方法，将湘西辣子鸡的"辣"写得酣畅淋漓。（板书：方法说明）

▲第三个层次：直接描述 + 方法说明

师：孩子们，我们在介绍一种事物时，可以采用"捕捉独特"的"直接描述"，也可以采用列数字、作比较、举例子等"方法说明"。前者我们可以称之为"白描"（板书：白描），后者我们可以称之为"彩绘"（板书：彩绘）。孩子们，介绍一种事物某个方面的特点，你们觉得用"白描"好，还是用"彩绘"棒？

生：我赞同用"彩绘"，用各种说明方法描述，可以使事物特点非常突出。

生：我赞同用"白描"，因为它捕捉了事物某个方面的独特，简便易行，也可以让读者回味无穷。

师：有没有第三种观点？

生：我觉得可以把"白描"和"彩绘"结合起来写，可能效果会更好。

四、介绍一个特点

▲在"白描"中加入"彩绘"

师："白描"和"彩绘"可以加在一起吗？我们一起试一试吧！（PPT 出示）它是在写狗的哪个方面？

生：嗅觉。

师：作者写狗的嗅觉特点用的是"白描"还是"彩绘"？

生："白描"。

师：那么，怎样将"彩绘"融进来呢？譬如在哪个地方可以加上列数字呢？（点击PPT）

生：狗的嗅觉细胞数量巨大，到底有多大呢？此处可以增加"列数字"。

生：在很远的地方，到底有多远呢？此处可以插入具体"数字"。

生：狗的嗅觉记忆很长，到底有多长？

师：是呀，有数字就更有说服力。有这么多地方需要数字，看来"列数字"是可以加的。在哪儿可以加上"作比较"呢？（点击PPT）

生：可以拿狗的嗅觉和人作比较，证明狗更厉害！

生：还可以拿狗的嗅觉与狗熊作比较，听说狗熊的嗅觉也很厉害。

师：看来，写狗的嗅觉时，"作比较"这种说明方法大有用武之地。那么，在哪儿可以补上"举例子"呢？

生：我觉得"它能凭记忆找到失散多年的主人"这里，可以举个具体的事例说明一下，别人会更相信是真的。

师：掌声响起来！事实胜于雄辩，例说比空口说来得更有力量！还有什么地方可以加例子呢？

生：在"闻香而至"那个地方加个例子。

师：比如自己养的一只狗就是这样的，可以呀！把现实生活中的例子加进来，更有说服力。

生："它也可以辨析出来"后面也可以加个例子，譬如某只警犬，电视电影中经常可以看到的。

师：说得真好，看来让"白描"和"彩绘"交融一点都不困难。那就将各种说明方法加一加吧！

▲为"彩绘"提供资料

师：看大家东张西望的，怎么还不动笔？

生：我不知道狗的嗅觉细胞到底有多少。

生：我不知道狗与人、狗与狗熊相比，谁的嗅觉更厉害。

生：狗狗能从千里之外回到自己的家，像这样的例子，我没有找到。

师：看来，要介绍一种事物，需要在习作前搜集好相应的资料，吴老师帮大家搜集了几份资料。（PPT出示）首先，为这些资料找到合适的位置。其次，让"白描"和"彩绘"集合。能不能硬加？请注意在"白描"和"彩绘"之间用上恰当的连接词。

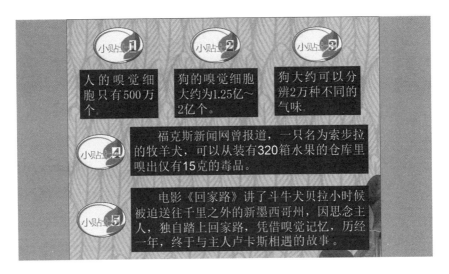

▲交流评点

师：刚才大家动笔尝试，在"白描"中加入"彩绘"，效果怎样呢？谁来交流一下吧。

生：狗的嗅觉细胞量巨大，人类的嗅觉细胞只有500万个，而狗的嗅觉细胞大约有1.25亿—2亿个。

师：加了个什么字？

生：而。

师：首先是列数字，然后用"而"将这两个数字进行对比，让狗的嗅觉能力更加突出。

生：在很远的地方，它也能"闻香而至"。

师：差个什么连接词？

生：差了个"即使"，（接着读）即使在很远的地方，它也能"闻香而至"。

师：对呀，两句话就自然而然地连接在了一起。还可以换成什么词？

生：就算。

师：非常漂亮！

生：哪怕气味很细微，它也可以辨析出来。

师：这句话读起来有些别扭，你们发现了吗？

生：我知道该怎么读了！应该这么说：狗大约可以分辨出2万种不同的气味，哪怕气味很细微，它也可以辨析出来。

师：换得好！你可不能在"白描"中硬加"彩绘"。继续——

生：有一次，一只牧羊犬从320箱水果中嗅出15克毒品。

师："有一次"加得好！说明作者要举例子了。但她把"福克斯新闻网曾报道"去掉了，将狗的名字"索步拉"也丢掉了。这样删繁就简，大家同意吗？

生：我同意，这样更简练。

生：我不同意。我觉得有了"福克斯新闻网曾报道"和牧羊犬的名字"索步拉"，能体现这个例子是真实的，不是胡编乱造的。

师：此处应当有掌声！孩子们，请注意，这是说明文，要讲究科学性。改一下吧。

生：福克斯新闻网曾报道，一只名为索步拉的牧羊犬，有一次从装有320箱水果的仓库里嗅出仅有15克的毒品。狗的记忆很长，它能找到失散多年的主人。电影《回家路》讲了斗牛犬贝拉小时候被迫送去了很远的地方，因为思念主人，它凭嗅觉记忆和主人相遇了的故事。

师："电影《回家路》"没有丢掉，她接受前面的教训，体现了这个例子的真实性。但缺少一个连接词。在"电影《回家路》"前可以加个——

生：比如。

师：掌声响起来！这是"举例子"的腔调。

生：还可以加个"就像"。

师：有异曲同工之妙！看来"白描"加"彩绘"没有我们想象中那么容易。

▲小结

师：实践证明，"白描"和"彩绘"是可以加在一起的。当我们来介绍一种事物，手中的资料很少时，我们可以用"捕捉独特"的"白描"来描述事物某个方面的特点。当我们手头搜集了不少资料时，我们就可以用什么方法来描述？

生：（异口同声）"彩绘"。

师：介绍事物某个方面的特点，最好的方式是——

生："白描"加"彩绘"。

师：对！这样可以把这个事物的某个方面介绍得更清楚，让读者更了解，由此更喜欢。

五、整体介绍一种事物

师：现在，我们知道了该如何介绍一种事物某个方面的特点。但一种事物包括几个方面，到底先介绍哪个方面，后介绍哪个方面呢？这里面也讲究顺序。比如说介绍一种动物，通常顺序是什么？（PPT出示）介绍一种植物呢？假如

我介绍的是桃树，请问是先介绍花，还是先介绍叶？

生：我觉得要先介绍花。

师：为什么？

生：因为桃树是先开花再长叶子的。

师：对，要按照这个事物的生长规律来介绍。假如介绍一种美食呢？

生：先介绍食材，再介绍做法，接着介绍外观，最后说滋味。

师：为什么要这样介绍？

生：因为一道美食就是按照这样的顺序做出来的！

师：所以，介绍一种事物，还要符合我们的生活规律。不过，除了这样的顺序，是否还可以按照其他顺序介绍？

生：我觉得还可以先介绍它的由来，再写它的外观，接着写它所需要的食材，最后再写吃起来的滋味。

师：这样介绍也可以，这是从美食家的角度来介绍的。所以呀，身份不同，介绍的顺序不一样；目的不同，介绍的顺序也不一样。下面请大家拿出笔来，根据自己要介绍的顺序，在自己所要介绍事物的几个方面前面写上序号。

生：（确定所要介绍事物的几个方面的先后顺序）

师：孩子们，这堂课，我们首先选定了所要介绍的一种事物，然后确定了所要介绍的方面和介绍顺序，最关键的是掌握了介绍这种事物某个方面特点的诀窍，那就是——

生：（异口同声）"白描"加"彩绘"！

师：课后，请大家完成这篇习作。下课！

【教学评析】

不知道大家在使用统编教材时，觉得是更加简单了呢，还是更不好教了？

从我了解的信息和我个人的感受来看，统编教材采用"人文主题＋语文要素"双线组元的方式进行单元编排，加上交流平台、课后习题的提示，由此让每一课到底教什么比较容易把握。但事实是，因为语文要素比较明晰，现在部分老师走向了另外一个极端，那就是就语文要素教语文要素，甚至是完全脱离语境，上成了乏味的知识传授课、枯燥的方法训练课。这样，无疑会让语文课变得机械、呆板，带来的结果是学生对语文的兴趣荡然无存。

基于统编教材特有的习作单元《介绍一种事物》，怎么让目标中要达成的写作方法"软着陆"？据我观察，特级教师吴勇的诸多做法值得我们借鉴。

一、首先是"着陆"

在考虑写作方法"软着陆"之前，我们先要考虑怎样"着陆"。如果，我们连"着陆"都无法做到，那就不用谈怎样"软着陆"了。一个关键词——对准目标。就好比飞机降落，按照固定跑道，对准目标才能着陆。我们梳理一下吴勇老师的课堂环节，不难发现，他在《介绍一种事物》的教学中，所有的"教"都是紧紧围绕目标展开的，特别是在重点、核心部分"用恰当的说明方法"上，花了大量的时间。只有这样对准目标地"教"，才能真正做到"着陆"。只有写作方法在学生已有的言语结构中"着陆"，写作方法转化为语言经验才能成为可能。

二、其次是怎样"软着陆"

接下来，我们就重点看看吴勇老师是如何让写作方法"软着陆"的。我认为，要让写作方法"软着陆"，有一个关键词——儿童立场。教育专家成尚荣先生指出："所谓'儿童立场'，就是要从儿童的需求出发。"充分考虑学生的认知水平、年龄特点、心理特点等，站在学生的角度考虑，科学地"教"才能促进他们有效率地"学"。根据我的观察，吴老师的"教"就是站在了儿童立场上的"教"。

一是分步学习。激发儿童写作兴趣最简单的方法就是"步子小"。要一小步一小步地向前走，才能走得稳当。我们看，本单元的课文《太阳》《松鼠》以及习作例文《鲸》《风向袋的制作》，老师在教学的时候，一定从中总结了很多的说明方法，似乎学生是可以直接下笔来写的。但对于学生而言，一口还真不能吃成个胖子。吴老师先花了6分钟来教学生明确介绍的事物，又花了6分钟让学生思考介绍哪几个方面，再引领学生学习用合适的说明方法来介绍，最后引领学生学习理清介绍顺序。把一大步分解成五小步，引领学生一步一步地向着目标行走，这不仅是写作方法的"软着陆"，也是学生语言经验的"软着陆"。

二是自主发现。儿童天生具有十足的好奇心与探究欲。语文老师要充分利用这一特点，调动孩子的主动性，引导他们自己去探索、去发现，而不是老师生硬地"给"，学生被动地接收。吴勇老师的大课堂，就充分利用了这一点。比如，出示例文《鲸》的片段，让学生观察是如何写的，然后总结出"捕捉独特、直接描述"；出示写"辣子鸡"的片段，让学生观察作者怎样写出"辣"的特点，继而总结出列数字、作比较、举例子的说明方法。经历了从感性形象认知到理性抽象认知的建构，学生在自主写作的时候才会印象深刻，主动运用。重庆市教科院张咏梅老师说，语文老师要经常在课堂上说这样的话——"你发现了什么？"学生主动去发现的过程就是他们自己建构的过程，这就是学生"个体语言经验"的软着陆。

三是柔化概念。语文知识、基本概念都是比较抽象的，而儿童的认知又是比较感性的，还处于从形象思维向抽象思维过渡的阶段。因此，老师要想方设法地把生硬的抽象概念转化成儿童可感可理解的形式。我们看，吴老师在教"直接描述"和"方法说明"两个概念的时候，用了"白描"和"彩绘"这样相对来讲比较形象的术语。新课标在实施建议里反复强调：可以引导学生学习必要的语文知识，但要避免围绕相关知识的概念、定义进行"系统、完整"的讲授与操练，更不应要求学生死记硬背概念、定义。柔化概念无疑是让儿童接受的最佳方式。这就是适切和贴合儿童语言经验的"软着陆"。

四是及时操练。儿童的认知规律是记得快，忘得也快。同时，语文本身也是一门实践性课程，学生只有在反复的操练中才能获得，而且需要及时地操练，才能学得牢固。我们有部分老师，有时会花整整一节课来引导学生获得方法，但从不让学生进行操练，把所有的习作方法都教完之后，才让学生去自由写作。没有得到及时操练的方法，是无法内化为学生的语言运用经验的。我们来看吴勇老师的"教"。在第一个环节，明确了介绍什么事物之后，马上让学生把自己熟悉的事物写下来；在思考了介绍哪些方面之后，马上让学生写下准备从哪几个方面来写；在学习了介绍方法之后，马上让学生运用方法来改写"狗的嗅觉"；在学习了理清介绍顺序之后，马上让学生用序号调整自己介绍方面的顺序。你看，基本上每教一个内容，就安排了一次操练。试问，经过这样的落实训练，学生还不会写作吗？因此，及时操练，也是让学生语言经验"软着陆"的体现！

五是创设情境。当下写作教学倡导学习情境，旨在引领学生进入真实的情境，思考为什么要写作。但学生由于生活经验不足，对为什么要写作的认识远远不够。完成这种没有交际语境、没有表达对象的习作，学生很多时候是缺少动力的。在这堂课上，吴老师对情境写作有所考量。在理清介绍顺序的环节，吴老师以介绍美食为例，让学生以厨师、美食家的身份来思考顺序的不同，引领学生根据不同交际目的选择不一样的顺序，很好地推动了学生进入角色去思考。这里，也表达一下我的个人建议：情境的创设可以贯穿在整个写作当中，设计一个大的情境，让学生从一开始就知道"我"为什么要写，而且有写好的冲动，这样学生获得的"个体语言经验"更灵动。

六是丰富资源。在写作教学中，我们往往会遇到一个问题：学生产生了习作动机，也获得了写作方法，但由于平常缺少观察和积累，出现了"巧妇难为无米之炊"的境况。特别是本单元的习作《介绍一种事物》，很多同学对该项事物可能比较了解和感兴趣，但真正让其来写，他是缺乏资源的。我们看吴老师是如何引领的。在让学生运用写作方法修改"狗的嗅觉"的环节，当学生需要一些材料的时候，他就出示了与之相关的材料，此设计，我觉得很是巧妙。不愤不启，不悱不发。当学生需要的时候，老师就给了，给得及时，给得自然。那么，此处的"教"就是给学生一种引领。当我们对所介绍的事物还了解得不够充分的时候，我们除了去观察之外，还可以去搜集资料来丰富对该事物的了解，这也恰恰是单元导读给学生提出的习作建议和要求。当然，为了指导学生掌握说明方法，吴老师还在本堂课引入了"辣子鸡"的例文资源。但个人建议：在进行写作指导特别是习作单元的习作指导时，前面已经提供了很多例子，特别是对习作例文还有很多批注，这些都是对学生很好的引领，就可以把这些资源利用得更加充分，毕竟这些例文是经过了精心筛选的，也是学生熟悉的。

让写作方法"软着陆"的课堂，让"个体语言经验""软着陆"的课堂，是站在儿童的立场上来设计的老师"教"的课堂；是尊重儿童的心理特点、认知规律的生本课堂；是改变呆板的、机械的方法训练，营造人文与语文有机融合的中国式诗意课堂；是师生和谐共生、道法自然的理想课堂。让我们共同朝着理想的境界努力！

五上习作6《我想对您说》教学实录及评析

执教：吴勇　评析：吴欣歆（北京师范大学教授）

【教学实录】

【目标预设】

1. 引导学生找到明确的倾诉对象与适当的交际话题。

2. 指导学生有责任、有中心、有条理、有礼貌地表达自己的看法和建议。

【教学过程】

一、"您"是谁？

师：孩子们，课题《我想对您说》里面有一个字——"您"（PPT 出示），看到"您"，你们脑海中马上浮现出哪些人物？

生：我觉得是一些家长、老师。

师：说具体点，哪些"家长"？比如说——

生：比如说父母。

师：还有什么呢？

生：我觉得还有老师。

师：称呼老师可以用"您"。还有呢？

生：我觉得还有爷爷奶奶、外公外婆。

师：非常好，除此之外还可以称呼什么人"您"呢？

生：那些让我们敬佩的消防员叔叔或者医护人员。

师：他们是让你敬佩的叔叔或者阿姨。

生：称呼"您"的，基本上都是我们的长辈。

师：所以说，"我想对你说"和"我想对您说"相同吗？

生：不同。

师：如果是"对您说"，要注意什么呢？

生：我认为用"您"的话，会更加有敬佩的感情。

师：除了敬佩呢，还有其他感情吗？

生：还要带着一点尊重。

师：不是"一点尊重"，而是要非常尊重，对不对？

生：我觉得如果他是父母或者陪伴"我"成长的其他人，"您"还能表现出对他的孝顺。

师：把"孝顺"换成"恭敬"，就更恰当了。我们对"您"说话要保持一种敬佩，保持一份恭敬，保持一份礼貌，这些都是对"您"说话的语气、方式，是不是？

生：是的。

二、"说"什么？

师：我有一位老父亲，已经 88 岁了，可是一直喜欢抽烟，每次听到他的咳嗽声，我就很想对他说——猜猜，我想对他说些什么呢？

生：父亲，您老抽烟对身体是没有好处的，快把它戒了吧！

师：你说出了我的心里话。平时我的哥哥说了，我的爸爸没有听；我的姐姐也劝了，我的爸爸没有听；我的妈妈也提醒他了，我的爸爸依然没有听。所以怎么说才能够让他少抽点烟或者戒掉烟呢？请大家帮我出出主意。

生：我觉得应该说清楚原因，让他真正觉得抽烟是不对的。

师：可能我的哥哥、姐姐、妈妈没讲清楚原因吧。

生：我认为语气要委婉一点。

师：很好，"委婉"这个词用得非常棒，看得出你是个说话得体的孩子。

生：我觉得说的话需要带一些幽默，让人家更容易接受。

师：不错，幽默也是人与人沟通的一种方式。

三、如何来"说"

师：你们的建议我都听到了，于是我就根据大家的建议，给他写了一封信。我怀着忐忑不安的心情，发出了这封信。几天过去了，奇迹发生了，我那88岁的老爸，果然抽烟次数减少了。他为什么有如此大的改变呢？想知道吗？

生：应该是吴老师写的信打动了他！

师：想知道吴老师的信是怎么写的吗？（PPT出示）

> 亲爱的老爸，为了您的健康，是否可以少抽一点香烟？
>
> 每天清晨，一走进您的房间，里面烟雾缭绕，几乎看不见人影，就听到您断断续续的咳嗽声。上午，您一边看报纸，一边吞云吐雾，餐厅、客厅、卫生间都弥漫着浓浓的烟味，熏得小狗在屋里上蹿下跳，汪汪直叫。晚上，您就一个人默默待在阳台上抽烟，很少见您出门散步，连家人都不爱搭理。
>
> 老爸，为了您的健康，就耐心听听我的建议吧：清晨如果想抽烟，您可以打开最喜欢的戏曲频道，跟着电视上的旋律，哼唱一会儿京剧、越剧、黄梅戏啥的。白天实在想抽烟，就到小区里的老年人活动室坐坐，找自己的老朋友下下棋、打打牌、聊聊天，可以暂时缓解烟瘾。晚上如果想抽烟，您可以和家人聊聊天，讲讲您年轻时难忘有趣的故事，还可以吃点糖分较少的水果和零食。您抽烟少了，身体就会和您年轻时一样壮实！

▲第一个层次

师：谁来读一读？

生：（朗读第一段）亲爱的老爸，为了您的健康，是否可以少抽一点香烟？

师：这是开头，我直接向他提出我的看法。紧接着说了什么呢？继续——

生：（朗读第二段）每天清晨，一走进您的房间……

师：这封信还没读完呢。谁再来继续读一读？

生：（朗读第三段）老爸，为了您的健康，就耐心听听我的建议吧……

师：吴老师这封信是怎么写的？为什么会有如此大的效果呢？现在我们就来研究一下这封信吧。

▲第二个层次

师：这封信的每个部分写了什么？为什么会产生如此大的效果？

生：您一开始就抛出了一个问题。

师：抛出问题，也就是我对他的看法。（板书：看法）再看看第二部分，又写了什么？

生：主要写了不让爸爸抽烟的原因。

师：这是在讲原因吗？

生：我认为您讲出了他抽烟的坏处。

师：嗯，不错，意思是对的，但你的说法不妥，一开头就讲"坏处"会让老人不高兴。

生：我觉得可以说是他抽烟的现状。

师：越来越准确了，老师觉得还有一个词更合适，那是——

生：表现。

师：对呀，这是在列举他抽烟的种种"表现"。（板书：表现）

师：这就结束了吗？我的目的是什么？下面还有第三部分，第三部分写了什么？

生：我觉得第三部分讲了您的建议。

师：完全正确。这封信的关键是提"建议"！（板书：建议）

师：当我们向一个人、向生活中的"您"表达自己的看法时，可以从三个方面来说：首先说看法，也就是你们的观点；其次说表现，对方的表现；最后说建议。从三个方面来说，就可以把你们想表达的内容说清楚。

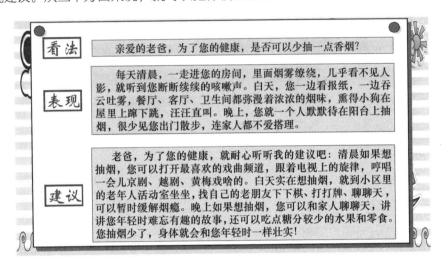

▲第三个层次

师：可是每一部分又该怎么说才能打动对方，打动我们生活中的那个"您"？我们先思考"看法"应该怎么说。这是我的说法（PPT出示），但生活中还有一种说法是这样的（PPT出示）："老爸，不准再抽烟了，否则我们就不和您住在一起了！"大家比较一下，你们觉得哪一种更有效果？

生：我觉得第一种更有效果，因为第二种老爸听了可能会伤心、难过，反而更不会听建议。

师：所以，我说的是"亲爱的老爸，为了您的健康，是否可以少抽一点香烟？"这里面藏着怎样的表达秘密？

生：您说"为了您的健康"，说明您关心他、关爱他。

师：对，还有吗？更核心的点在哪里？

生：您对爸爸说的时候用了一种委婉的语气。

师：委婉的语气，你能说得更具体些吗？

生：吴老师用了一个问句，在跟老爸协商。

师：对啊，一个"是否"，一个"？"，这就是——（板书：礼貌协商）孩子们，当我们和"您"礼貌协商的时候，可以用"是否"这样的询问句式，这样会一下子打动对方的心。再看看"表现"（PPT出示），我是怎么来列举老爸抽烟的表现的？

生：您写了他抽烟的现状。

师：我是怎么列举这个现状的呢？

生：您按时间顺序写了他一天内在清晨、白天、晚上的样子。

师：说"表现"时非常有顺序，对不对？大家想一想，为什么要有序呢？（板书：有序）

生：这是三个不同的时间段，老爸都在抽烟，突显出老爸吸烟次数非常多。

师：掌声响起来，太棒了！大家再看看，有了顺序就行了吗？说他的"表现"时还需要怎样？

生：我觉得不仅要说出他经常抽烟，而且要透露出抽烟的危害性，譬如在清晨的时候有断断续续的咳嗽声。

师：哦，咳嗽是他抽烟的证据。还有什么证据？

生：我觉得还有对家人的打扰和对家人的危害，还有一些家人的厌恶。

师：不能叫"厌恶"，是家人的"无奈"。

生：我觉得您还写了抽烟的负面影响，比如白天他一边看报纸，一边吞云吐雾，餐厅、客厅、卫生间都弥漫着浓浓的烟味。

师：家里一天到晚都是烟味，证明他真的在抽烟。

生：我觉得您用了侧面描写，描写父亲抽烟对家里人的影响，体现出父亲抽烟的坏处。

师：是的，跟别人说"看法"时一定要有证据。正面也好，侧面也罢，都需要让对方感受到说话人讲的是事实。这就是——

生：有据。

师：有据可查，对方才容易接受你的看法。（板书：有据）当然，说"表现"是为了——

生：为了让他戒掉抽烟。

生：我觉得是为了给他提建议做准备。

师：对，只有这样，他才能够静下心来听我的"建议"，明白了吗？

生：明白了。

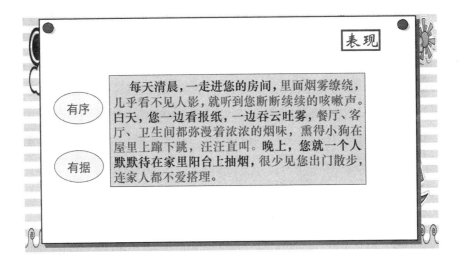

师：那么"建议"该怎么提呢？前面提到了清晨、白天、晚上，我提建议的时候又提到了清晨、白天、晚上，谁知道我为什么这么做？

生：因为这样有一个时间的顺序，如果他清晨想抽烟，他就可以用一些健康有益的活动来把它替代掉。

师：说得还不够清楚。应该怎么"建议"才会更有效果？

生：这样跟前面的"表现"相呼应，他前面一直在抽烟，然后您现在给他提出相应的建议。

师：掌声在哪里？呼应，也就是我们要针对他的表现来提建议。孩子们，建议除了针对他的表现来提，还可以针对什么来提呢？

生：我觉得还可以针对他的喜好来提。

师：掌声在哪里？对呀，你们看我老爸的喜好是什么？

生：您的老爸喜欢戏曲。

师：还喜欢什么？

生：下棋、打牌、聊天。

师：所以说，只有针对他的爱好、兴趣提建议，才能够提到他的心坎里，他才乐意接受。这就是——

生：投其所好。

师：对，这才是解决问题的最好策略。当然，除了投其所好、针对表现之外，还可以怎么提呢？要能够让老爸一下子知道儿子多么关心他。

生：说身体就会和他年轻时一样壮实，这样就说出了少抽烟对他的益处。

师：他当然知道啊，这个平时说得比较多了。从这段话中还可以读出什么？其实每句话都有表达的秘密在里面。孩子们，不妨看这样一句话（点击PPT），谁来读一读？

生：（朗读例文）讲讲您年轻时难忘有趣的故事，还可以吃点糖分较少的水果和零食。

师：这里是针对什么提的？为什么要吃点糖分较少的水果和零食呢？为什么要讲他年轻时的故事呢？

生：您老爸是老年人。

师：是呀，老年人一般都三高，血糖高、血脂高、血压高。这是针对什么来提建议？

生：针对年龄。

师：真会总结！除此之外，如果让你们来提，你们还会针对他的什么来提呢？

生：我觉得可以针对他的愿望。

师：掌声响起来，吴老师非常赞同！

生：我觉得还可以针对他曾经做过的事情来提建议。

师：我明白了，要针对他的经历来提。非常棒，为他鼓鼓掌。孩子们，建议还可以针对很多很多方面来提，只要是适合他的，都可以提，所以建议一定要量身定制。提建议，用一句话来总结，一定要有所针对，针对年龄、健康、精力、表现等；同时还要可行，可以办到，举手之劳，不能太难，太难的根本无法实行。（板书：针对可行）

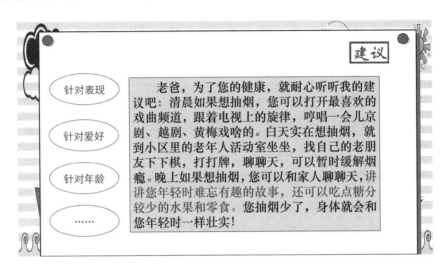

▲ 第四个层次

师：孩子们，刚才看了吴老师写给老爸的信，这是吴老师对老爸"深情地说"。这个"说"为什么能够打动老爸？为什么能让他对自己的顽固习惯进行改进、改善？因为在这封信里隐藏了三个秘密。首先，说"看法"要做到——

生：礼貌协商。

师：说"表现"时要倡导什么？

生：有序有据。

师：说"建议"时要确保——

生：针对可行。

师：这下明白了吧？这是我们在和别人说理时要注意的三个法则，或者说三个窍门。一起读——

生：（朗读）说看法，得礼貌协商；列表现，要有序有据；提建议，需针对可行。

四、我来"说"

▲第一个层次

师：好，下面从吴老师的生活中走出来，回到你们自己的生活中。想想看，在你们的生活中，你们想对谁说点什么样的看法呢？

生：我想对我的奶奶说，尽量少去麻将馆玩。

师：少打麻将，真是个关爱奶奶的小孙子。

生：我想对爸爸说少喝点糖分多的饮料。

师：真是个关心父母的好孩子。

生：我想对妈妈说每天晚上不要多看手机，要早点睡觉。

师：手机控的妈妈，你听到孩子的呼声了吗？还有这种想法的举举手。（学生举手）想让父母少看手机的人竟然有这么多。还有没有不同的？

生：我想跟我爸爸说：不要天天窝在家里面看手机，你身体本来就不好，要多出去运动。

生：我想对我爸爸说少喝点酒。

生：这也是我想对爸爸说的，因为他两天就能喝三次酒。

师：这频率太高了，这的确要说，必须要说，今晚回家就说。

生：我想对我爸爸说少出点差，他有时候刚回来两个小时就又出发了。

师：你想让他少出去，多陪陪你和妈妈，对不对？你们看这个孩子多关心自己的爸爸呀。还有什么不同的，跟别人不一样的？

生：最近我爸爸工作有些不顺，就每天窝在他房间里写东西。我想对他说，压力不要太大，也要适当放松。

师：身体是革命的本钱，心情好了，工作才会顺利。

生：我想对我妈妈说不要吃太多外卖。

师：好，掌声响起来，这个诉求多生活化呀！

生：我想对太奶奶说，多出门运动运动，和别的老太太、老太公一起去聊聊天，不要老是窝在家里，在床上睡觉、看电视。

▲第二个层次

师：看看，这么多的孩子要举手。下面请大家把"我想对您说"的话写下来，好不好？因为课堂上没有这么多时间让你们去说，你们能不能试着像吴老师这样写一写？（PPT 出示）"亲爱的____，为了____，您是否可以

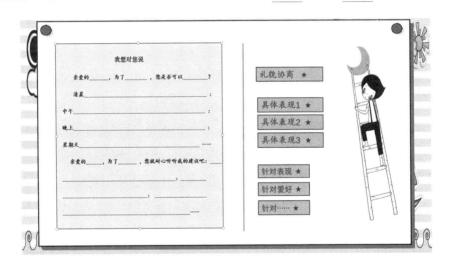

____？……"第一段礼貌协商，第二段列举他的表现，第三段提出我们的建议。建议可以针对他的表现、针对他的爱好、针对他的年龄等。孩子们，动起笔来，把"我想对您说"的话写下来。时间是 10 分钟。

生：（动笔写作）

师：你们写得越快，写得越好，越证明你们迫切地想说话，想表达的情感十分真挚。

师：这位同学已经写好了，第一个举起手。孩子，你试着对着（PPT 上）右侧的评价标准评一评，你的"表现"和"建议"部分能打几颗星？把有星的

地方标出来，把没有星的地方改一改，好不好？

（学生写作，教师巡视。）

▲第三个层次

师：时间到，放下笔。没有写好的孩子也不用急，只要愿意上来交流，就可以将自己想写的话说出来，吴老师见证过很多口头作文的奇迹。我们先来看看班级写作"第一快手"是不是写作"第一好手"。先预判一下，孩子，你估计自己能得几颗星？

生：我觉得我能得五颗星。

师：已经不错了。你想对谁说？

生：我想对爸爸说。

师：他想对爸爸说。各位同学，下面你们的角色变了，你们都是他的爸爸，有"男爸爸"，有"女爸爸"。做爸爸得有爸爸的样子，对不对？现在孩子对您说了，您一定要坐端正。

生：（朗读习作）亲爱的老爸，为了您的身体，是否可以适当放松一下？

师：一开头提出看法，礼貌协商，得到了第一颗星，继续。

生：（朗读习作）清晨，每当我还赖在床上不肯起来时，我便听到您写文件的沙沙声。

师：好，有具体表现，获得第二颗星。

生：（朗读习作）中午，您用两三分钟吃完饭，便去书房连续写几个小时的文件。

师：好的，第二个表现，获得第三颗星。

生：（朗读习作）每个应该休息的周末，您却用更长的时间来签文件、回消息。每当进入您的房间，我的耳朵便被沙沙声占据了。

师：好的。不是某一天，而是一贯如此。第四颗星也是他的了。注意哦，他是由点到面写表现，有创意也有条理，掌声响起来！他连续得到四颗星了，下面是"建议"了。

生：（朗读习作）亲爱的老爸，为了您的身心健康，您就听听我的建议吧。早上，您早早起来，可以去跑跑步，锻炼一下身体。中午，也不要一直忙于工作，可以去乒乓球室打打乒乓球，去阅读角看看书。周末，您可以在完成一周大总结后，和我们一起来吃个饭啥的。希望您能听我的建议。

师：对爸爸的建议不仅针对了爸爸的爱好，还针对了他对家人的亲情。可以再加三颗星，掌声响起来！各位"男爸爸""女爸爸"们，你们愿意接受你们的孩子提出的建议吗？

生：我愿意接受。因为他说得有理有据，而且有一定的礼貌。

师：做到难不难？

生：不难。

师：我们再找一个"女爸爸"。

生：我觉得我会听，因为他告诉我将来应该怎么做父母，而且告诉我过度忙于工作会给家庭带来一些危害，有理有据，让人无法拒绝。

师：这位"爸爸"说得多好。她知道了将来要怎么做一个好家长，对不对？掌声响起来！还有"女爸爸"要举手，看来大家当"女爸爸"都要当过瘾了。

生：我会接受你的建议。因为你说爸爸一直忙于工作，忘了自己的身体健康，这体现出了你对爸爸的关心。

师：我明白了。他已经体会到你对他浓浓的爱。还有"男爸爸"要说，最后一个机会给你。

生：我不太愿意接受你的建议。

师：好，为什么？注意听哦，我们要倾听不同的意见。

生：因为我觉得工作努力是为了家庭，也可能是为了你。我觉得工作是必要的，那就要做好它。

师：你的"爸爸"已经对你的想法和建议作出解释了。孩子，你听到"爸爸"的不同意见了，你会怎么做？

生：我觉得如果说他能一下子接受最好，如果他不能接受，我还会用更委婉、更有力的语言来劝他。

师：掌声再次为他响起来！是的，我们向别人提出看法、提出建议，不是一次就能成功的。第一次不成功，第二次就要总结经验，改进习作，再提出自己的看法。还有哪些同学想读呢？这么多。孩子们先把手放下来好不好，因为时间不够了。

▲第四个层次

师：孩子们，当你们将自己要说的话写完之后，你们会怎么做？

生：我会读给想要倾诉的人听。

师：当面读挺好。假如他很严肃，你比较害怕他，怎么办？

生：我觉得可以将要说的话写成一封信。

师：把这篇习作变成一封信，这封信应该放在什么地方？

生：放在他的面前，或者亲手递给他。

师：还可以怎么给他？

生：还可以放在他经常工作的书桌上。

师：主意非常棒！如果你们和这个长辈不常见面，怎么办？

生：可以让家人将这封信拍成照片，用微信发过去。

师：手段很先进也很便捷，掌声响起来！所以"我想对您说"的时候，一定要让"您"看到，这样这次写作才会有效果、有价值、有意义。明白了吗？

生：明白了。

师：好，孩子们，这堂课我们学会了怎么对"您"去说、对"您"去表达，特别是表达我们的看法、表达我们的建议。希望大家平时在生活中，如果自己有想法、有看法，就也学着吴老师这样，也学着今天的做法，去动手写一写，让这种交流方式成为我们生活中的一项内容、一种习惯，好不好？

生：好！

【教学评析】

非常感谢吴勇老师提供了这样一节课。我在看这堂课的时候主要有四点感受，想要跟大家做一个汇报与讨论。

先说第一点感受。假如吴勇老师不把这节课限制为给长辈写建议，一个五年级孩子就他原有的生活经验和认知经验来看，他可能会写什么？于是，我就向一线老师们做了一个问卷调查，结果显示学生一动笔就是吐槽：这事儿做得不对，那事儿让我不舒服了，我希望能够怎样怎样。我觉得吴老师这堂课从"建议"这个角度着眼，的确对孩子的写作认知水平有一个提高作用。王廷波老师在点评这堂课的时候说，这堂课需要再打开另外一个视角来指导和表达。我觉得对小学写作教学而言，这是两个阶段：第一个阶段是学生已有经验，我们要让他向有目的、有对象的确定性方向表达，这样有利于提高学生原有的语言经验；第二个阶段就是王廷波老师说的那个阶段，将"您"的范围再打开，将"说"的范围再打开，有实用性的、文学性的、思辨性的等类型。所以在刚开始听这堂课的时候，吴勇老师要给88岁的老父亲提建议，我就觉得他在给学生提供一种更高站位的写作经验。我们常常说老师是学生的成人生活的一个"优质的样本"，这个"优质的样本"首先要看他想什么事，关注什么事。老师如果能有这样一个站位，有这样一个思考，他就能够带着学生走，就会引领学生脱离原有的那种浅层的生活经验和表达经验，进入一个深层的阶段。

第二点感受是今天这堂习作课的写作时间是10分钟，吴老师在学生写作时一直在提醒："你们写得越快，写得越好，越证明你们迫切地想说话，想表达的情感十分真挚"，如此等等。其实在写作教学上有两个观念：第一个是"慢慢来"，让学生慢慢写，很从容地把自己的想法写出来；第二个是"极限写作运动"，让学生快快地写，在尽量短的时间内把自己要呈现的内容表达出来，以训练写作者的手能够跟上他的思维。吴勇老师的课，我觉得用"极限写作运动"形容比较合适。让学生迅速地将当下思考的内容呈现出来，是一个相对合宜的办法，在公开课上可以这样用。但在我们日常的训练里应该是两种状态并行，不能只有"极限写作运动"，也得有"慢慢来"的过程。今天这堂习作课上的学生，他们能够写得这么快，能够像放水一样喷薄而出，说明吴勇老师的写作指导能给学生带来非常饱满的体验感、收获感和成就感。其实，这是吴勇老师和学生共同创建的过程。师生有一个共同认识，就是得根据对象和目的来选择恰当的内容和表达方式。在小学一年级有个口语交际活动叫"在特殊的场合用适当的音量说"，像在图书馆、阅览室这些"特殊的场合"，得会用"适当的音量"来表达与交流。这堂习作课的目的就是引领学生用"特殊的方法"写——面对不同的目的、不同的对象，用特殊的内容和特殊的表达方式，包括语气、内容铺成的方式、提建议的句式等。师生如何来共建这样一个过程？吴老师先是给学生提供一个完整的样本，就是劝一位老父亲戒烟。说了第一句话之后，接下来应该怎么说？描述完他清晨吸烟的这个情况之后，接下来应该描述什么？如果师生一起来共同生成这样一个文本，它就是一个生成性的讨论，学生可能更容易跟老师一起同频共振。他们经历了这个文本建设过程，然后再对话生成有礼、有理、有序的文本，效果可能要比单纯地分析一个优秀的样本好。换句话说，采用学生体验式学习会比用样例学习更好，因为这是一种共创共生的"个体语言经验"建构学习。

　　第三点感受比较强烈。吴勇老师在课堂结尾有一句话——"把这篇习作变成一封信，这封信应该放在什么地方？"我觉得"这件事"特别重要，这句话和这个行为的引领，就让这堂课所做的事情有效果、有价值、有意义。这是真的在解决一个问题。一堂习作课，教师和学生一起面对一个生活中真实发生的问题，不仅要培养学生的表达力，还要提升他们的语用行动力，我觉得"这件事"可以让写作成为学生生活中的一部分。与此同时，我觉得这封信是对学生真实生活轨迹的记录，是对真实解决问题过程的记录。他们的学习成果在家庭生活中发挥了效用，他们未来才愿意继续用书面语跟他人交流。

第四点感受是这节课非常绵密，像我们缝的针脚一样绵密，每一个环节都给学生提供恰当的支撑，看起来像一件漂亮的"手工作品"。这样的一种感受，在这堂课中还有很多，我们需要继续品鉴，再继续去思考。教师，作为一个真实的、优秀的成人生活观念"样本"展示在学生面前，给了学生一个真实的解决问题的思维过程，这种真实性会让学生意识到书面语言的重要性，意识到用思辨性语言交流和表达能够给自己的生活带来改善。

另外我想再补充一点感受，就是在这节课中，吴勇老师特别强调"证据"。思辨性表达的一个典型属性就是用证据和推理来作判断，生成结论和观点。在这节课中描述老父亲生活中的那些场景，这是一个证据。"您抽烟少了，身体就会和您年轻时一样壮实！"其实这是一个推理。证据与推理，我觉得对五年级学生有意识地渗透一些是可以的，不必把它们都当成隐性的知识，它现在已经可以成为显性的知识来支持学生写作，来帮助学生形成一些理性的语言经验。

（此评析根据东北师范大学教科院提供的吴欣歆教授评课视频进行客观整理，有细微的删减和调整。）

六上习作1《变形记》教学实录及评析

执教者：吴勇　评析者：纪杰（南京市骨干教师）

【教学实录】

【目标预设】

1. 引导学生充分了解所"变"之物的特点。

2. 引导学生在描述"变形"时，从外形、习性、视角、遭遇等四个方面体现所变之物的特点，将印象深刻的"变形"经历写具体。

【教学过程】

一、课前预热

师：第一次见面，相互了解一下。你们来自六几班？一共有几个班？

生：六（2）班。一共有三个班。

师：六（2）班比较二，对不对？（学生笑）

生：我们二班不"二"。

师：你的回答很自信，但是我喜欢"二"的班，因为他们的言行举止总是那么有想象力，总是给人带来意想不到的东西。所以六（2）班是一个很可爱的班级，也是一个值得骄傲的班级。现在你们是不是对"二"有了一种特殊的情感?

生:是!（学生笑逐颜开）

二、想"变"什么

师:其实,吴老师也很"二",在家里排行老二,小时候大家都叫我"吴二"。小时候的我非常喜欢一个人物,这是个书中的人物,就是孙悟空,你们喜欢吗?

生:喜欢。

师:大家猜猜我喜欢他的什么?

生:他会七十二变。

师:对,他会变,想变成什么就变成什么。星期一早上,发现作业还没有做好,我就想变得很小很小,希望不要被老师发现。譬如说可以变成一只小蚂蚁。还可以变成什么?

生:可以变成一粒尘土。

师:只有通过强光照射才会发现它。

生:还可以变成一个微生物。

师:微生物,肉眼根本看不见。

生:还可以变成一粒石子。

师:当然,还可以是石子旁的一棵小草。有时候,遭到别人欺负时,我就希望自己变得非常强大。猜猜,我想变成什么?

生:一头大象。

师:可以,身体就是一堵墙,让人望而生畏。

生:变成一座冰山。

师:寒气逼人,让对手看了发冷。

生:变成蓝鲸。

师:可以在海洋之国里横行无忌。

生：变成黑洞。

师：黑洞！（惊讶状）你想吞噬谁就吞噬谁，真厉害！

三、如何"变"得像

师：感谢大家丰富的想象力，让我拥有孙悟空的法力，有了战胜恐惧的决心。后来我突然不喜欢他了，因为他有一次变成了一座古庙，二郎神一看就发现古庙是孙悟空变的，知道为什么吗？（PPT 出示图片）

生：因为他将旗杆插在庙后面，旗杆一般在庙的前边。

师：你也是火眼金睛。是呀，如果想变成什么，就得了解什么，否则就会"变"出笑话！有一个作家叫叶圣陶，他变成了一朵荷花。（PPT 出示）你们看，他变得像荷花吗？谁来读一读。

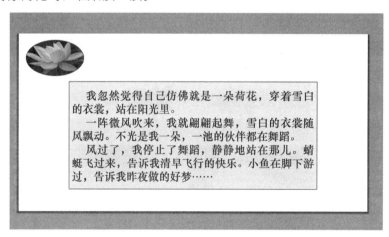

生：（朗读）我忽然觉得自己仿佛……

师：大家觉得作家"变形"成功吗？

生：很成功！

师：大家从哪儿感受到他真的是一朵荷花了？

生："穿着雪白的衣裳，站在阳光里"，荷花一般都是白色的。

师：对，外形非常像荷花。还有呢？（板书：体现外形）

生：“一阵微风吹来，我就翩翩起舞”，我觉得这也像荷花。

师：符合立在水中随风摆动的生活习性，说得好！（板书：符合习性）

生：“不光是我一朵，一池的伙伴都在舞蹈。”他不仅将自己当成荷花，还将其他荷花看成自己的伙伴。

师：作家能用荷花的视角看世界，这就是——（板书：还原视角）这是“变形”中最关键的要素。

生：“蜻蜓飞过来，告诉我清早飞行的快乐。小鱼在脚下游过，告诉我昨夜做的好梦……”这里也有“还原视角”，作家能用荷花的视角看世界，能看到脚下的小鱼，能看到头顶的蜻蜓。

师：说得真好，这里不仅有荷花的视角，还有属于荷花的特定遭遇。（板书：拥有遭遇）所以呀，要实现完美的“变形”，就要像叶圣陶先生一样，体现出“变形”的四个要素——（PPT出示）

生：（齐读）体现外形，符合习性，还原视角，拥有遭遇。

师：否则你变得一半是人，一半是物，那就是妖，那就是魔，很可怕！要完全体现“变形”的四个要素，就得——

生：就得了解自己想“变”的那个事物。

师：就得——（PPT出示）

生：（齐读）变"它"就要进入"它的世界"！

四、如何描写"变"

师：有一位小朋友和吴老师小时候一样，忘记了写作业，害怕去上学，就想变成一只蚂蚁，结果在书房里真的变成了一只蚂蚁。你们想知道一只蚂蚁的世界是怎样的吗？

生：太想知道了！

师：先来猜一猜，一个人变成了书桌上的一只蚂蚁，会有怎样的经历？注意，他是在什么地方变的？

生：在书桌上走的时候，一定要注意边缘，下面可是万丈深渊呀！

师：你已经还原了蚂蚁的视角。

生：在书上爬行，只要书一合上，它就会被纸张挤压死。

师：这常常就是一只蚂蚁特定的遭遇。

生：一开窗，它就会被一阵风吹走。

师：蚂蚁又小又轻，这体现了它的外形特点。可是在小作者的笔下，这只书桌上的蚂蚁却遭遇到这样的经历——（PPT出示）你们对哪个经历最感兴趣？

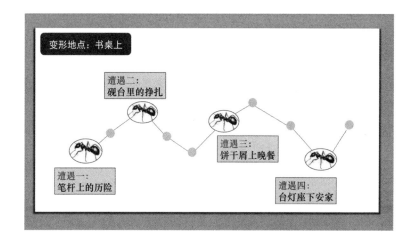

生：我对"砚台里的挣扎"最感兴趣。

师：砚台里的墨水对蚂蚁来说，就是——

生：一个巨大的湖泊！

生：一片黑色的海洋！

生：我对"饼干屑上晚餐"最感兴趣。

师：一点饼干屑，在蚂蚁眼中就是——

生：一顿丰富的美食。

师：可是小作者却对"笔杆上的历险"这段"变形"特别感兴趣，写成了"变形记"。（PPT出示）谁来当当这只小蚂蚁，读一读自己的经历？

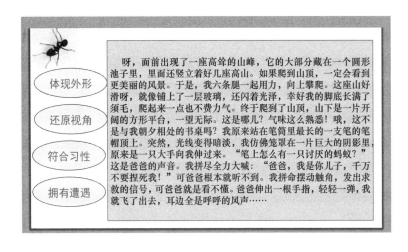

生：（朗读）呀，面前出现了一座高耸的山峰……

师：哎呀，你读得真是太棒了，简直就像你的亲身经历一样。请问大家，小作者变成一只蚂蚁，变得像吗？

生：（异口同声）像——

师：这段"变形记"体现了蚂蚁的外形吗？

生："脚底长满了须毛"和"六条腿一起用力"。

生：还有"我拼命摆动触角"。

师：这些是蚂蚁的外形特征。这段文字是否还原了蚂蚁的视角？

生："呀，面前出现了一座高耸的山峰，它的大部分藏在一个圆形池子里"，笔筒里的一支笔，在蚂蚁的眼里成了"高耸的山峰"，笔筒成了"圆形的池子"。

生："山下是一片开阔的方形平台"，桌面在蚂蚁眼中是一片"开阔的方形平台"。

生："我仿佛笼罩在一片巨大的阴影里"，手掌在蚂蚁看来就是"一片巨大的阴影"。

师：用蚂蚁的视角观察世界，是"变形记"写作成功的关键。这段文字中有蚂蚁的生活习性吗？

生："我拼命摆动触角"，这是蚂蚁在传递信号。

师：嗯，这是蚂蚁特有的生活习性。

生："于是，我六条腿一起用力，向上攀爬。"这是蚂蚁的行走方式。

师：只有这样写，主人公才有蚂蚁的感觉。

生："这是哪儿？气味这么熟悉！"蚂蚁是靠气味认路的。

师：看来，小作者非常了解蚂蚁的生活习性。这段文字中有蚂蚁特定的遭遇吗？

生："爸爸伸出一根手指，轻轻一弹，我就飞了出去，耳边全是呼呼的风声。"蚂蚁经常遭到人类的指弹、手捏、脚踩。

师：这就是蚂蚁的日常遭遇。看来小作者真正了解了蚂蚁，已经真的进入了一只蚂蚁的世界。因此，这样的"变形记"写得比较成功。

五、我来"变一变"

▲第一个层次

师：这样的"变形"有趣吗？你们想变吗？

生：（跃跃欲试）想——

师：小作者变成了一只蚂蚁，"变形"地点在书桌上。你们想变成什么？

"变形"地点又在哪儿?

生:我想变成一只苍蝇,在垃圾堆!

师:这是一种独特而另类的生活,吴老师充满期待!

生:我想变成一只老鼠,在妹妹的玩具堆里。

师:你想用恶作剧吓一下妹妹!

生:我想变成一只老鹰,在悬崖上。

师:看来你非常喜欢冒险,向往自由。这样吧,请大家将自己"变形"后的经历梳理一下,将每个经历以小标题的形式填在写作学习单的方框中。(PPT出示)

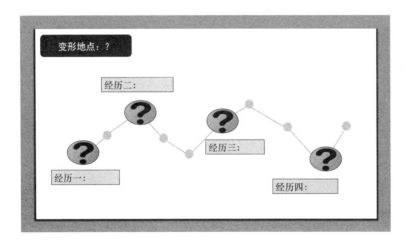

生:(想象并填写)

师:我发现有的同桌开始交流了,谁愿意将自己的"变形"经历和全班同学交流一下呢?

生:我想变成一只塑料袋,"变形"地点在超市里。我的经历有三个:跟随一袋糖果回家,装礼物送人后被新主人丢弃,被人送到恶臭的垃圾场上。

师:这是一条从光鲜走向暗淡的路,很值得一读!

生:我想在森林里变成一只鸟,我的经历有四个:一是被老鹰追赶负伤,二是遭到猎人枪击,三是被小孩捕捉装在笼中,四是利用换水的时机逃回森林。

师:苦难重重,终获自由!

生:我在教室里变成了一支粉笔:经历一,在黑板上画出一幅美丽的画;经历二,被顽皮的孩子抛来抛去;经历三,一不小心被人踩成了粉末;经历四,被一阵风刮到空中。

师:原来当一支粉笔也这么曲折!孩子们,赶快将自己的"变形"经历记录下来吧!在这里,我特别提醒大家——(PPT出示)

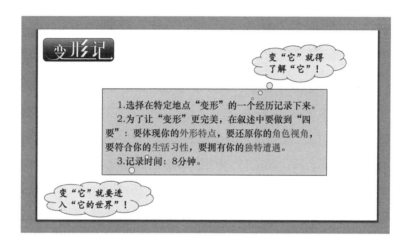

生:(齐读)变"它"就得了解"它"!

生:(齐读)变"它"就要进入"它的世界"!

师:时间是8分钟,就写一个经历,不写题目,开始写。

(生开始写作,师巡视指导。)

▲第二个层次

师:大家都写好了吧?下面谁愿意来展示一下自己的"变形记"片段?

生:我愿意。(走上讲台)

师:其他同学干什么?我们来当当"二郎神"吧,请用你们的"第三只眼睛"去辨别其中的"真"和"假"。(PPT出示)

	评价内容	星级	自评	互评
变形完美度	体现外形特点	★		
	还原角色视角	★		
	符合生活习性	★		
	拥有特定遭遇	★★		

生：（读习作）我是所有塑料袋中最帅气、最结实的一个。我浑身透亮，就像涂了一层薄薄的金子，挂在小主人家的挂钩上显得格外轻盈和耀眼，无论哪个客人进了家门，都会忍不住多看我一眼。这一天，小主人突然取下了我，一边看一边说："这只塑料袋很鲜亮，用它装礼物最合适啦！"听得我心里热乎乎的。于是他就把一件精美的礼物放进了我的肚子里，我一下子大腹便便，变成一件神气活现、光彩照人的礼品。接着，小主人就拎着我的两只耳朵去了朋友家。小主人的朋友满脸笑容地看着我，正当我得意扬扬地想炫耀一番时，他却毫不犹豫地将礼物从我肚子里掏出来，一把将我扔了出去。我在半空中飘来飘去，之后晕头晕脑地落在地上，还没有缓过神，就看见一只巨大的带着齿轮的鞋底朝我重重地压了下来，好疼呀！紧接着又被踩了一脚，金黄的外衣上一下子印上了巨大的脚印，我一下子变得失魂落魄。

师：各位"二郎神"，你们觉得这只"塑料袋"的经历真实吗？

生："浑身透亮""轻盈和耀眼"，这就是一只漂亮塑料袋的样子。这颗星可以给他！

生：用塑料袋的视角看世界，比如"礼物放进了我的肚子里，我一下子大腹便便"，再比如"就看见一只巨大的带着齿轮的鞋底朝我重重地压了下来"，作者已经将自己当成一只真正的塑料袋。第二颗星也可以给他。

生：塑料袋挂在墙上—用塑料袋装礼物—塑料袋飘在空中，这些写出了塑料袋的生活习性。这颗星也可以给他。

生：塑料袋装完东西就会被丢弃掉，就会被无数的脚踩踏，这也符合它的遭遇。我觉得第四颗星也可以给他！

师：小作者在"变形记"的写作中，四个要素全部达成，掌声送给他！各位"二郎神"火眼金睛，评判得很专业，掌声也送给他们。不过，吴老师还想送给小作者一颗星，谁知道这是为什么？

生：我觉得这只塑料袋的内心变化写得很曲折，从"内心热乎乎"到"扬扬得意"，再到"失魂落魄"。

师：评价很精当，具有文学评论家的独到眼光！文字中的小作者已经变成了一只有血有肉的塑料袋！为他再加一颗星。

▲第三个层次

师：孩子们，其实刚才交流的又是"变形记"的一个片段。一篇完整的"变形记"应该包括三步：第一步，要走出自己的世界，写出自己是怎么"变形"的，要"变形"成什么样子；第二步，必须走进"它"的世界，写清楚生活在"它"的世界里的各种经历，每个经历写一段；第三步，考虑你们想不想变回来，可以不变回来，也可以回到自己的世界。孩子们，如果把这几个部分连在一起，就是一篇既完美又完整的"变形记"了。课后请大家完成整篇文章的写作。

六、我想继续"变"下去

师：世界上有一个伟大的作家，他的名字叫卡夫卡。（PPT出示）有一天，他在卧室里突然变成了一只巨大的甲虫，这只甲虫在不同地点引发了不同故事，作家把一个个故事连起来，就成了一部享誉世界的小说《变形记》。（PPT出示）孩子们，你们可以写自己在教室里的变形经历，也可以写在不同地点里的变形经历，将这些经历逐一记录下来，最后联结成一本书，书的名字叫"新变形记"，或者叫"我的'变形记'"，好不好？课后尝试着不停地写下去哦！感谢孩子们的相伴，下课。

【教学评析】

想象类习作，教什么，怎么教，教到什么程度，一直是很多语文老师的困惑。近期，我有幸观摩了江苏省著名特级教师吴勇老师的习作指导课《变形记》，从课例中发现了强有力的"写作支架"。

"写作支架"，顾名思义，就是在习作过程中，教师为学生提供的言语"脚手架"。面对学生的言语困境，教师为学生的语言表达设计的问题、框架、图示、范例等结构性支撑点，统称为"写作支架"。吴勇老师的这节习作指导课，"写作支架"经历了由"无形"到"有形"的搭建和实施过程。

一、选材活动

选材，就是教师引导学生将与习作主题最接近的素材充分召唤出来，并进行筛选。六上习作1《变形记》属于想象类习作：把自己变成另外一个事物，发挥想象，把"变形"后的经历写下来。这属于"角色互位"联想。吴勇老师以自己儿时最想变成的角色——孙悟空为例，引出变化可以无所不能，可以神通广大；再由自己想变成什么，调动学生头脑中的已知经验，引出变化可大可小，巧建"变它就得了解它"这一"写作支架"，撬动了学生想象的原点。

二、导写活动

导写活动是"写作支架"中最关键的环节，是学生从"学"到"练"的关键着陆点。"例文支架"的重要性不言而喻。纵观整个课堂，"例文支架"呈现出这样三个阶段：一是例文阶段。吴勇老师从叶圣陶的《荷花》中节选了最具"导写"价值的片段——"变荷花"，这个例文片段藏着鲜明的言语结构，具有规律性。如"蜻蜓飞过来，告诉我清早飞行的快乐。小鱼在脚下游过，告诉我昨夜做的好梦……""蜻蜓"和"小鱼"是"我"变成荷花后与之有关联的动物，"在脚下游过"是荷花独特视角下的独特观察。变成荷花，遇到蜻蜓、小鱼，就拥有了荷花独特的经历和遭遇。吴老师根据教学价值，精准提问，让"例"的特征充分外显，让"写作支架"的"轮廓"慢慢浮现。二是"例文支架"阶段。在这个阶段，吴老师发掘出习作"范例"的细节，从蚂蚁的视角看世界，赏析下水文片段。"变成蚂蚁最惊险的一次经历"就是习作重点部分，这个重点部分有蚂蚁的独特外形、生活习性、视角和遭遇，再由此提炼出"例文支架"的"经"，即"体现外形—符合习性—还原视角—拥有遭遇"，横贯在整个例文中。学生由"无形"的例文阶段走进"有形"的"支架"阶段，打通了语言的局部"梗阻"，也打开了想象思路，产生了表达欲望。三是"写作支架"阶段，即将"例文支架"剔除，"例文支架"变身为"隐形支架"。吴勇老师话锋一转，问学生："你们想变成什么？变形地点又在哪儿？"为学生的鲜活素材腾出空间，习作素材和"写作支架"形成关联和对应。再用四个小标题梳理素材，建立学生自己的、独特的有形"支架"，推动学生"个体语言经验"的自主建构。

三、练写活动

练写片段前，吴勇老师出示了三个写作要求，将"练"与"教""学"贯通起来，即"教"什么就"练"什么，"学"什么就"练"什么。一是选择在特定地点"变形"的一个经历记录下来。这个教学布局，基于学情，从整体入手，落在局部，紧扣关键段落的写作困境，当堂运用有形"支架"完成段落写作，真正聚焦训练"靶心"，做到了一课一练。二是为了让"变形"更完美，在叙述中做到"四要"：要体现你的外形特点，要还原你的角色视角，要符合你的生活习性，要拥有你的独特遭遇。四个结构性的思维框架组合起来，表达一个完整的中心意思，让学生的言语思维有了结构层次：原本散乱的素材找到了自己合适的位置，有序被激发出来，由表及里，由外形到习性，由角色视角到独特遭遇，让学生的语言表达多维多元。三是记录时间为 8 分钟。经历从哪里开始，就在哪里结束。习作例文从"段"开始，练写片段就以"段"落地，练写为 8 分钟左右，给当堂评价留出了宝贵时间，也让学生当场体会到写作带来的成功与快乐。

四、评价活动

在习作评价活动中，吴勇老师请一名同学上台读文，分享变形经历，在"变形"成"神"还是"妖"的问题中，引导学生进行自我评价；而全班同学则"变形"为"二郎神"，对"变形完美度"进行四个维度的打星评价。此时，"习作支架"呈现为评价量表，应学生的习作之需而生。这是"例文支架"的变式，是将"例文支架"指标化，便于引导学生对自己及同伴的习作作出清晰外显的评价，体现了习作课堂的"教、学、评"一致，从而促进了学生"个体语言经验"的建构。

观课中，我不断被吴勇老师对于习作教学研究的执着与深度感动，为吴老师在课堂中自然呈现出的教学智慧所折服，也为他指向"个体语言经验"发展的写作教学理念所打动。

六上习作7《我的拿手好戏》教学实录及评析

执教者：吴勇　评析者：彭峰（特级教师）

【教学实录】

【目标预设】

1. 拓展"拿手好戏"的内涵，引导学生从学习、生活等方面去发现自己独特的本领。

2. 学习按照"点明拿手好戏—练成拿手好戏—展示拿手好戏"的顺序进行布局谋篇。

3. 学习展现自己"拿手好戏"的习作策略，并以此为重点，尝试在习作中将这一部分写具体。

【教学过程】

一、选材：我的"拿手好戏"

▲预热

师：马上就要上课了，我们先来相互了解一下吧！大家来自哪所小学？

生：泰州市凤凰小学。

师：好学校！六年级几班？

生：六（5）班。

生：六年级一共有八个班。

师：六（1）班怎么没来？不是"六（1）六（1），全校第一"吗？六（8）班怎么没来？不是"六（8）六（8），貌美如花"吗？怎么来了个中不溜的班？

生：因为"春风吹，战鼓擂，咱们五班怕过谁"！

师：真是有勇气呀！除了勇气，六（5）班还有什么？

生：虽然六（1）班和六（8）班名字好听，但是我们班有实力，每次考试都是第一！

师：不靠名字靠实力，了不起！听了大家的自我介绍，我觉得六（5）班的同学真的很优秀。吴老师也表示下诚意，介绍一下自己的家庭，好吗？

生：好！

▲ "好戏"登场

师：原来小孩子也喜欢听别人的隐私！（学生笑）吴老师有一个三口之家，首先登场的是我的女儿，在家人称——"漫画公主"，知道为什么吗？

生：喜欢漫画！

师：不仅仅是喜欢呢！

生：喜欢画漫画！

师：对！画漫画就是她的"拿手好戏"！下面登场的是谁？没错，就是我！在学校大家都叫我"吴老师"，可在家里，她们都叫我——"挑瓜圣手"，知道为什么吗？

生：能一下子挑到好西瓜！

师：猜得很准，挑西瓜就是我的"拿手好戏"！最后登场的是我家"女王"——我的妻子，不过，在"女王"之前还得加上两个字——"切丝女王"，猜猜为什么？

生：她刀工很好！

师：是呀，她能将土豆切得细如发丝，这就是她的"拿手好戏"！孩子们，现在请告诉我：什么叫"拿手好戏"？

生：有独特本领。

师：对，别人没有，只有他有！

生：一项工作，没有人做得比他好！

师：就是"人有我优"！孩子们，所谓"拿手好戏"，就是一个人身上"人无我有，人有我优"的独特本领！

▲我有"好戏"

师：孩子们，像这样"人无我有，人有我优"的"拿手好戏"，你们有吗？一时想不起来，我们不妨来个对号入座吧！（PPT 出示）

师：可以像我女儿那样在学习或才艺方面有"好戏"，譬如——（出示：写作优、朗读好、计算快、写字好等）

生："朗读"是我的"拿手好戏"。

师：一听你的声音，一看你的神态，就知道有戏！

生：我在"弹钢琴"方面非常擅长。

师：弹钢琴，吴老师就不会，的确是"拿手好戏"！

生："跳舞"是我的"拿手好戏"！

师：是民族舞，还是西洋舞？可否展示一下？

生：是芭蕾舞，我试试吧！（学生上台表演）

师：真是高大上，会的人不多，真是"拿手好戏"！是否有像我这样，在生活或运动方面有一门可以炫耀的绝技的？譬如——（出示：会玩轮滑、投篮准、会认路等）

生：我会认路，只要去过一次，再去一定能走回家。

师：对于"路盲"的吴老师来说，你简直是"活导航"，掌声响起来！

生：我读书快，一天就能读一本厚书。

师：记得住吗？

生：当然记得住，我可以讲给别人听！

师：我知道了，记忆力强是你的"拿手好戏"！是否有像我爱人那样，在做家务方面有独特本领的？譬如——（出示：修电器、养花草、做蛋炒饭等）

生：我会做"蛋包饭"。

师：我都没有听说过，肯定是"好戏"。我很想跟你学。

生：我会拆玩具。

师：能完好如初地装回去吗？

生：我可以！

师：拆装玩具，就是你的"拿手好戏"！

生：我会做葱花饼。

师：家里人爱吃你做的饼吗？

生：吃过的都说好！

师：不仅是做葱花饼，而且做广告也是你的"拿手好戏"！（学生笑）如此看来，咱们班藏龙卧虎，每个同学都是"戏精"！请大家拿起笔来，在稿纸第一行中间，写出你的"拿手好戏"！

二、策略：展示"拿手好戏"

▲聚焦"好戏"

师：将一个人身上特有的本领称为"拿手好戏"，为什么不叫"拿手好活"？

生：因为"活"是自己做出来的，不需要给别人看。

生：因为别人都喜欢像看戏一样，看你做的好活！

师：说得太好了！那是因为别人都喜欢——"看戏"，看别人表演的——

生：（不约而同）"拿手好戏"！

师：我的女儿是"漫画公主"，你们最喜欢看她"表演"什么？

生：画漫画！

师：真会看戏！我是"挑瓜圣手"，你们最想看我"表演"什么？

生：表演"挑西瓜"的绝技！

师：看来你想学呀！我的妻子是"切丝女王"，你们最想看她"表演"什么？

生：切土豆丝。

师：因为这最有看头。

▲学习"演戏"

师：可惜，我的女儿、妻子都不在这里，大家看不成她们表演的"好戏"。下面就只能欣赏我的"挑瓜"绝技。可是，我身边没有西瓜，我怎么来"表演"这出"拿手好戏"？

生：这出戏是没法演的。

师：看来你失望了，但是千万不要绝望。虽然没有西瓜，但"拿手好戏"依然可以上演，不信，你看——（PPT 出示）请"拿手好戏"是朗读的学生来表演一番吧！

> 我捧起了一只碧绿的西瓜，上下左右翻看，它呈椭圆形，形体均匀，顶端的瓜蒂略微凹了进去，就像人的肚脐眼；再用手摸一摸，线条柔和，就像平滑的鹅卵石；左手托起它，右手轻轻拍打瓜肚，一阵清脆的"嘣嘣"声传入耳中。我胸有成竹地说："没错，就买这只，一定是熟的！""这么多个头大的西瓜，你怎么不挑？爷爷说，个头大的西瓜基本上都是熟的！"女儿首先质疑。妻子也一脸疑惑。火车不是推的，牛皮不是吹的，不让你看到真相，岂不糟蹋了我"挑瓜圣手"的美誉？我拿起水果刀，手起刀落，西瓜被分成几块。啊，黑籽红瓤，一股清甜味扑鼻而来。女儿迫不及待地捧起一块啃起来："真是一只好瓜，好甜呀！""挑瓜圣手，真是名不虚传！"妻子也跟着赞叹起来。

★第一个层次

师：读得有声有色。在这段文字中，哪个地方最有"戏"，让你看得很过瘾？

生：挑西瓜的动作最有戏！

师：你真有眼光！这是我"挑瓜圣手"的动作，想不想学一学？

生：（异口同声）想学！

师：我来用文字"表演"，你们用动作"表演"！（师读生演）你觉得"挑瓜圣手"的动作和别人有什么不同？

生："挑瓜圣手"很熟练，我们的动作很生疏。

师：（板书：熟练动作）是呀，因为熟能生巧！因此，这出"挑瓜戏"才好看！"好戏"需要动作，还需要什么？

生：还需要"话语"！

师：真会看戏，好戏中"台词"很重要！没有台词，这出戏就是"哑巴戏"！谁来念念我在"挑瓜戏"中的"台词"？

生：没错，就买这只，一定是熟的！

师：要知道，我是"挑瓜圣手"，会说得这么犹豫？

生：没错，就买这只，一定是熟的！

师：演得好！知道好在哪儿吗？

生：说得很自信！

师：（板书：自信话语）有实力才有自信！作为一出"好戏"，它一定得有"画外音"。知道什么是"画外音"吗？

生：其他人说的话。

师：这依然是戏中的"台词"哦！

生：是藏在主人公心里的话，是不用说出来的。

师：为你鼓掌！就请你来读读这"画外音"。

生：火车不是推的，牛皮不是吹的，不让你们看到真相，岂不糟蹋了我"挑瓜圣手"的美誉？

师：妻子和女儿在质疑我这个"挑瓜圣手"，我紧张了吗？把我的心理活动读出来——

生：火车不是推的，牛皮不是吹的，不让你们看到真相，岂不糟蹋了我"挑瓜圣手"的美誉？

师：你从中读出了什么？

生：我读出了"挑瓜圣手"的镇定和自豪！

师：面对别人的质疑，我的心理依然很镇定！（板书：心理镇定）熟练的动作、自信的话语、镇定的心理，这是从正面来写"拿手好戏"。（板书：正面描写）

★第二个层次

师：一出"好戏"，除了有主角表演，还需要有——

生：观众！

师：是呀，如果没有观众，我的"表演"就是"作"！在这出"好戏"里，观众是谁？

生：你的妻子和女儿。

师：作为观众，她们对我的表演有什么反应？（板书：观众反应）

生：（朗读）"这么多个头大的西瓜，你怎么不挑？爷爷说，个头大的西瓜基本上都是熟的！"女儿首先质疑。妻子也一脸疑惑。

师：这让我的"表演"很有压力！

生：（朗读）女儿迫不及待地捧起一块啃起来："真是一只好瓜，好甜呀！""挑瓜圣手，真是名不虚传！"妻子也跟着赞叹起来。

师：想一想，这出"戏"中，我是主角，如果将女儿、妻子的"加戏"删掉，可不可以？

生：不可以，这是侧面烘托！

生：不可以，有了妻子和女儿的侧面"戏"，"我"的正面"表演"被衬托得更加精彩！

师：是呀，有了正面"表演"和侧面烘托相结合，我的"拿手好戏"就可以更加完美地展现在观众面前！

三、评价：我的"好戏"你点赞

▲"好戏"路数

师：原来，用文字也可以"表演"自己的"拿手好戏"！大家想不想也来演一演？让更多的观众都能欣赏到你们的"拿手好戏"！

生：（异口同声）想——

师：为了让你们的"好戏"表演更精彩，为了使你们的"好戏"吸引更多的观众，请在写作过程中注意——（PPT 出示）

评价内容		星级	自评	互评
正面描写	熟练动作	★		
	自信话语	★		
	镇定心理	★		
侧面烘托	观众反应	★		

生：将你们的"拿手好戏"用一段文字"表演"出来。

师：只写"表演"这一段。

生：要想吸引更多的观众来看，可以从"熟练动作""自信话语""镇定心理"三个方面正面展示你们的"好戏"，还可以通过"观众反应"，从侧面烘托出你们的"好戏"。

师："好戏"既需要"主角"在正面有"动作"、有"台词"、有"画外音"，还需要"观众"在侧面不停"助威"！

生：时间为 8 分钟。

师：时间很紧，赶快动笔！

▲"好戏"上演

师：现在你们都有"拿手好戏"了，谁愿意像吴老师这样给各位老师演一演？

生：我来演。

师：对照评价量表，你觉得你的"好戏"到底演得怎样？大概可以得几颗星？

生：还行吧，我觉得可以得三颗星吧！

师：到底可以得几颗星？下面请大家当当观众，对作者的这出"好戏"品评一番！

生：（朗读）我走到舞台的中央，在一架崭新的三角钢琴旁坐定。台下的观众在窃窃私语，仿佛在说："这个小女孩年龄这么小，演奏难度这么高的乐曲，她行吗？"我暗暗鼓励自己："这算什么？我已经在几次全国青少年钢琴演奏大赛中都获过奖，这不过是一次普通的汇报演出，没有竞争，没有压力，小菜一碟！"双手轻轻落在键盘上，手指自然滑动，流水般的旋律在演奏厅里回荡。台下顿时鸦雀无声，观众的心跟随音符变化在起伏。手指在琴键上不停撞击，手指飞速在键盘上跳跃，乐曲变得跌宕起伏，如万马奔腾，如波涛汹涌。当最后一个音符落地时，台下响起了热烈的掌声，有的观众甚至站起来向我挥手。

师：写得怎样？这出"音乐剧"打动你了吗？

生：写得很精彩，我在文字中听到了美妙的音乐，我决定给她打五颗星。

师：愿闻其详。

生：在这出"戏"中有"熟练动作"，有"镇定心理"，"正面描写"可以得两颗星；"观众反应"写了三次，"侧面烘托"可以得三颗星！因此，这出"拿手好戏"可以得五颗星！

师：这位看戏的观众很专心，也很专业，我们将掌声送给他！在这出"好戏"中，还有哪些地方值得肯定？

生：我觉得作者弹琴的动作写得很漂亮，"滑动""撞击""跳跃"这三个动词用得准确生动，写出了作者演奏技艺的精湛娴熟。

师：原来"熟练动作"需要恰当传神的动词来展现！评价瞄准了细节，真了不起！让我们为作者再加一颗星！除了优点，这篇习作有哪些地方是需要修改的？

生：我觉得这出"好戏"中还缺少"自信话语"，可以增添这方面的描写。

师：你是作者，你赞同他的修改意见吗？

生：我不同意，因为我这是钢琴表演，优美的琴声就是最自信的话语。

师：非常支持你的观点。其实，在好戏中，话语、动作、心理的描写不需要面面俱到，而要根据"戏"的特点来选择适当的细节。

▲走向全篇

师：孩子们，刚才的钢琴表演这出"戏"看得很过瘾吧？

生：（不约而同）很过瘾！

师：看完之后，难道没有什么疑问？

生：她"弹钢琴"的"拿手好戏"是怎么练就的呢？

师：是的，对于一篇习作来说，需要铺垫。

生：作者为什么要练就"弹钢琴"的"拿手好戏"？

师：可以在习作的开始做个简单的交代。孩子们，其实要让读者全面了解你们的"拿手好戏"，这几个方面不可少：（PPT出示）第一段，点名自己的"拿

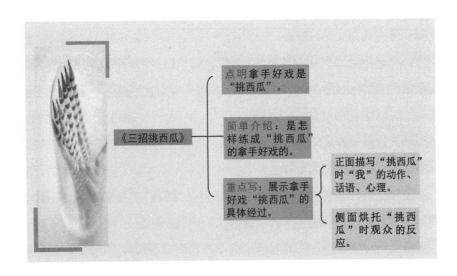

点明拿手好戏是"挑西瓜"。

《三招挑西瓜》

简单介绍：是怎样练成"挑西瓜"的拿手好戏的。

重点写：展示拿手好戏"挑西瓜"的具体经过。

正面描写"挑西瓜"时"我"的动作、话语、心理。

侧面烘托"挑西瓜"时观众的反应。

手好戏"是什么；第二段，简单介绍"拿手好戏"是怎么练成的或者为什么要练就这样的"拿手好戏"；第三段，重点展示，从正面描写和侧面烘托两个方面展示自己的"拿手好戏"。明白了吗？

生：（异口同声）明白了！

师：孩子们，"看戏"不仅可以在舞台下，还可以在文字中！让我们都来学会用文字为读者"表演"一出出生活的大戏、好戏！

【教学评析】

看完《我的拿手好戏》，作为一线教师的我，觉得很精彩，很实在，值得借鉴。"'童化作文'坚持人文性和工具性的统一：'童'就是直面童年，将教学构筑在儿童精神哲学和鲜活的生活状态之中，让每个孩子的童性从写作中得到关注和呵护；'化'就是不放弃教学指导，努力以最自然、最柔软的方式给儿童知识和方法的支撑，让习作教学充满技术含量，更体现出人性的关注。"这是吴勇兄"童化作文"的初心。在这节课中，这份"初心"未改，而且得到了很好的"实现"。特别是写作知识的呈现，让写作教学的效果"看得见摸得着"。真是费了心思，颇见"化"功。让我们细细品味，领略这"化"的用心与智慧。

一、"这一个"写作知识，开发"精准"

拿到六年级上册习作7《我的拿手好戏》，必须思考：运用它教什么写作知识？关于写作知识，先要明确"这一类"，再明确"这一个"。

叶黎明教授将记叙文写作教学的路径大致分为两类：为了记叙文写作和通过记叙文写作。其中，"为了记叙文写作"又可分为三类：第一类以兴趣激发为主，目的是引起学生写作，使其"想写"；第二类以思路启发为主，使其"有东西可写"；第三类以记叙文写作的知识和技能为主，目的是使其"能写出来"。

显然，《我的拿手好戏》的教学目的属于第三类。再细读教材，可以明确重点要教学生写"拿手好戏"的具体经过的"直叙"知识。王鼎钧教授在《作文七巧》一书中阐述了直叙的"三有"：有起落，有略详，有表里。我觉得很管用。但是，"这一类"写作知识，有点儿"抽象"，显得"不接地气"，不完全符合这一次习作语境。如果用此类知识去教，效果可想而知。习作教材的"写之前想一想"中，有这样三条提示："1. 你的拿手好戏是怎样练成的？关于拿手好戏，有哪些有趣的故事？ 2. 怎样来写你的拿手好戏？哪些内容先写？哪些内容后写？ 3. 哪些内容要写得详细些？哪些内容可以写得简略些？"这节课中，吴老师确定了"这一个"写作知识："展示拿手好戏的具体经过"时，正面描写（熟练动作、自信话语、镇定心理）和侧面烘托（观众反应）相结合；架构篇章时，有详有略。

"这一个"写作知识开发很精准，取决于两点。首先是对学生言语困境的准确把握。六年级学生完成本次习作时，困境在于难将"拿手好戏"写清楚，主要原因是对"好戏"理解不到位，忽略或写不好观众反应，等等。其次是对学生写作知识结构的巧妙建构。六年级学生已有零散的言语知识，也有自己的言语结构了，然而对于这一次写作，"正、侧面结合"与"详略分明"的"组合"，是有利于孩子言语结构的完善、提升的。

二、"这一款"知识呈现，含有"温情"

我读到实录中的"例文"时，眼前一亮。这篇不到三百字的例文，是吴老师自己写的。我读了好几遍，觉得里面有吴老师的"温情"，我想，学生也一定能感受到。这样的温情，来自几个转变：

写作知识，从隐性转变为显性。学生原本在课堂中看到了很多同龄人或作家的例文，老师只是让大家自己阅读消化，或者评点下，那些知识是隐性的，是玄妙笼统的。但吴老师将写作知识清晰地融在了一篇短短的例文之中，知识是显性的。

显性的写作知识，从零散、玄妙的转变为系统、周密的。 学生原本只是从多篇例文中获得零散的知识，且有点儿玄妙，但是吴老师的例文里包含系统、周密的写作知识，实实在在，看得见摸得着。

写作知识，从他人提出转变为老师自己体认。 吴老师写自己的"挑瓜好戏"，是为了更好地将写作知识融在自己的文章里，唯有老师自己体认过、实践过，才更容易明白学生在运用这一写作知识时会在哪里遇到困难，从而产生共鸣。这不禁让我想起夏丏尊和叶圣陶两位先生合著的《文心》，王鼎钧教授写的《作文四书》，他们亲自为学生们著书，就是为了指点学生们写好作文。这是对儿童深切的关心和呵护。我印象最深的是，小时候学写作文，从来没有老师写过这样的例文给我们看。如果有，我一定能写好作文，至少写得比较容易些、好些。在吴老师的这篇知识例文中，他和妻子、女儿都在其中，一家人在一起其乐融融，这样的知识例文与温暖的家庭背景相结合，就不再像我们以往见到的例文那么遥远、那么陌生。

在这些转变里，有对学生充满温情的关注、关心和关爱，正因如此，吴老师才写出了这样的知识例文。学生遇到了这样的知识例文，情感才可能沸腾起来，思维才可能沸腾起来，情感和思维沸腾了，学习生活才会沸腾起来。

三、"这一节"知识学习，指导"清楚"

这节课中，关于写作知识的学习指导始终在写作实践中。吴老师的指导非常清楚。

用清楚的语言解释题中的重要概念。 习作审题，有时候关键在于审清题中的重要概念。"我的拿手好戏"这个题目中，"好戏"是个重要概念。吴老师通过对自己家庭成员特长的介绍，先引出"拿手好戏"这个概念，接着请学生们定义"拿手好戏"的概念，然后引导大家想想自己的"拿手好戏"。大家以为这样解释重要概念，就已经到位了？不，没有！吴老师提出"为什么不叫拿手好活"这一问题后，才得出了"拿手好戏"的最终解释。

用清楚的语言解释重要的写作知识。写作知识中有正面描写和侧面烘托这两个概念，吴老师循循善诱，将正面描写具体化为"熟练动作""自信话语""镇定心理"，将侧面烘托具体化为"观众反应"。用这样清楚的语言来解释写作知识，学生易于理解和领会。

用清楚的步骤引导学生掌握写作知识。吴老师从正面描写引导到侧面烘托，从动作、话语引导到心理再到观众反应，一步一步，自然而然。这一步步，都紧扣着写出"好戏"的需要。写完"好戏"，引导学生用评价量表进行具体的反馈；最后，又回到篇章知识的学习上来。这样的步骤，泾渭分明，详略得当。

吴老师之所以如此指导，应该也是基于对写作教学研究建议的采纳："所谓清楚的指导，'清楚'意味着教师：教一步一步的策略（教程序性策略）；用清楚、简单的语言解释概念和步骤；用多样的例子不断地吸引学生注意文体的关键特征；向学生演示程序的每一步；用一致的、重复的语言激发学生内在的写作意图；给予具体的反馈。"从教学内容和教学方法上看，吴老师只是采纳了其中一部分建议。

"黑匣子"意味着神秘，里面有着不为人知的内容。写作教学就像一个"黑匣子"。在我看来，吴勇兄近年来不断致力于"写作知识"的研制和教学，就是为了打开这个"黑匣子"，让写作课变得可教。"给我一个支点，我可以撬起整个地球。"如果我们能够建构适合儿童的写作知识体系，那么我们就可以照亮写作教学这个"黑匣子"。这条路很漫长，目标似乎不会那么快实现，但是，吴勇兄的《我的拿手好戏》就是写作知识教学的"拿手好戏"，这就像一束光，照亮了"黑匣子"。

汩汩如泉，潺潺成溪

1

蓦然回首，年过半百，此刻身体里唯一生长的便是不断上行的发际线。昔日志同道合的朋友也日渐陌生，我们已经从青春的火热交集出发，走向各自追寻的远方。原本就不是一条道上的人，因机缘巧合相聚，短暂地交会后，便匆匆作别，这是人生常态，也是人之常情。

不遗憾，那是因为我心向远方——每天难题如影随形，解决它的唯一方式就是让自己的思想强劲、精神强大、体力强壮；不凄惶，那是因为我一直走在原初的路上——一个人，一辈子，一件事。让自己的生命每天保持流淌状态，让自己每天途经新的风景，让自己每天发现新的远方。

每天想一点，每天读一点，让思维与思想汩汩如泉，新陈代谢；每天做一点，每天写一点，让生命与生活潺潺成溪，静水流深。

曾经的学校同事，看着我与他们一起备课、一起上课、一起批改作业、一起辅导学生，却在教育期刊上发表一篇篇长文，总是惊讶地问："这些话题，你是怎么想出来的？这些文章，你是用什么时间写的？"

现在的教研同仁，看到我每天和他们一起听课、一起研讨、一起开会，却近乎每年出一本专著，有些不可思议："这么厚的书，这么多的字，你什么时候一页一页码出来的？"

可与我相濡以沫的妻子知道，我在无锡生活多年，却不知鼋头渚、拈花湾是何物，在何方；来南京工作近十年，和她仅仅上过一次明城墙。在身边长大的女儿知道，她在遥远的东北上四年大学，我竟从未去看过她一次；为父二十八载，陪她旅游还是她童年的记忆。妻子与女儿听我说得最多的一句话，就是"我很忙，最近没有时间"。

生命溪流就这样不知疲倦地流淌，两岸很美的风景，我都未曾好好欣赏；周边很亲的人，我都未曾好好陪伴。

2

水是人体生存的必需品，谓之"生命之源"；水是自然生活的状态，诗曰"奔流到海不复回"；水是精神生命的追求，子云"上善若水"。如果非要将自己的人生与"水"联结起来，我从未期望过自己成为"大江大河"，哪怕有流入"大江大河"的念头也是一闪即过。我就是一条安安静静流淌的溪流，细若人体里的"毛细血管"，静如"天空不曾有鸟的痕迹，但我已飞过"。

童年在农村生活，见惯了庄稼从泥土里缓慢生长；青年在大学，饱尝了没有受过系统学术训练的苦楚。于是，工作后，我将自己隐身在教室里，用农人的思维建构着自己的教育与教学之路，用小学教师的眼界打量着千变万化的世界，这是对自己最好的保护，也是最切合自身境况的生涯规划。

生命的小溪就这样流着。夜晚的乡间小路上，伴着点点星光与隐隐虫鸣，我构思着第二天的教学设计，思量语文课堂可以呈现的新鲜感；月光下的村校操场上，我侧坐在低矮的单杠上，苦思冥想着一个个挠头的教学问题，反复斟酌着一句句课堂话语；昏黄的煤油灯下，我忘情地翻阅着一册册"过期"的教育期刊，饥渴地摘录一个个名师的教学片段；寂静的周日办公室中，我用欣赏的眼光默念着一篇篇学生习作，用真诚的期待书写着一段段热情的批注。

无数点点滴滴的忙碌填充着一个乡村青年教师无所慰藉的生活，无数点点滴滴的实践铺展出一条通向前方的路途，无数点点滴滴的思索凝聚成观点鲜明的文章。除此，低微而经常发不出的工资是浮云，家贫与工作僻远、伴侣难觅是浮云。对于一条溪流来说，只要有远方，两岸的冷眼与羁绊就无须顾及，两岸的繁茂与丰硕也无暇收割。

3

一条无名的溪流，就这样流呀流，时而爬上山坡，时而冲下低谷，时而平缓流淌。历经千帆，视野逐渐开阔。

我才知道，我只是一道浅流，大河大江就在眼前，但我与他们不在一条水道上，即便放弃自我，主动融汇，对方也无法悦纳。我要做的是，不断开掘深度，不断拓展宽度，流出属于自己的轨迹。这样的思想，对一条小溪来说，显得过于奢侈和狂妄。但，身体和手脚是属于思想的，跟着思想做就是了，于是便有了流成河的梦想。

我从自己的班级开始，将自己点点滴滴的想法付诸行动，在行动中不断总结，不断反思，将新问题作为研究课题，进入下一轮探索。学生写作没有素材，于是便有了"故事类写作教学"探索；学生写作没有动力，于是便开始了"功能性写作教学"实践；学生总是写不具体，于是便有了"精准性写作教学"研究；原来的教科书中习作教材缺乏系统编排，于是便有了基于核心素养的"写作训练学"……就这样，一个个问题成为一项项研究，一项项研究成为一篇篇论文，一篇篇论文汇聚成一本本专著。

此时此刻，我又不想成为大河了，我还是想做小溪。因为，这只是我的探索与思考，对我而言，它们是正确的，但能不能对一群人、一校人、一个区域的人同样适用，是否也能够给他们的教学面目带来改观，我没有信心。即便是我的团队，我也不想用项目和课题裹挟大家前行，因为小溪有小溪的自重与自珍。尽管我的团队日趋壮大，我却依然倡导"各美其美，美美与共"。

我深知，只要有好的项目，只要是好的研究，只要出好的成果，在互联网高度发达的今天，大家会用脚作出自己的选择。不能因为我想成河，而让周边小溪放弃自己汇聚过来，这对他们是不公平的。

就让我继续当一条小溪吧，随遇而安的小溪，奔流不息的小溪，欢快歌唱的小溪！